2013

中国旅游财务信息年鉴

中国旅游出版社

THE YEARBOOK OF CHINA TOURISM FINANCIAL

《中国旅游财务信息年鉴》编辑委员会

前　　言

《2013 年中国旅游财务信息年鉴》是一本在 2013 年编辑的反映 2012 年度中国旅游企业财务信息的工具性、学术性年刊。本年鉴通过对年度旅游企业财务效益、资产营运、偿债能力和发展能力等主要财务指标，以及人均增加值、人均财政贡献等补充指标进行统计梳理和分析评价，希望能为广大旅游财务信息使用者提供行业平均参考数据，为管理决策、行业研究、产业发展贡献微薄的力量。

2012 是“十二五”时期承上启下的重要一年，面对严峻的国际经济形势和国内经济下行压力加大的影响，全国旅游行业坚决贯彻党中央、国务院有关精神，坚持主题主线，在推进旅游发展方式转变、优化旅游产业结构、释放产业综合功能等方面取得了巨大成绩，旅游经济保持了持续健康的发展态势。年鉴数据显示，2012 年旅游企业规模继续平稳增长，资产规模、固定资产规模、营业收入等指标均较上年有所增长，尤其是随着旅游投资政策环境的不断完善，民营投资在旅游业中所占比例明显上升，多元主体参与旅游投资的格局日渐明显。

经过几年来的探索实践，旅游财务信息年鉴的编辑体例、内容结构趋于成熟和稳定，目前已形成了“研究报告”、“统计分析”、“行业数据”三大部分为主体的篇章架构。其中，第一部分“研究报告”以财务信息年鉴数据、旅游类上市企业财务数据为样本，深入剖析了当前我国旅游企业发展的阶段性特征及存在问题，提出了进一步促进旅游业微观主体健康发展的政策建议。第二部分“统计分析”主要结合2012年度旅游企业财务信息数据从资本结构、经营规模、财务效益、社会贡献等方面对旅游企业的经营发展情况进行纵向对比评价。第三部分“行业数据”全面汇总了年度旅游企业财务信息数据，力求从多个维度客观反映旅游企业年度财务状况。

年鉴编写工作是在中国旅游及相关领域的学术界、实务界和政府管理部门的大力支持和积极参与下完成的。中国社科院旅游研究中心副主任戴学锋及其课题组成员、宏源证券股份有限公司旅游酒店行业研究员孙妍基于旅游财务所做的研究报告，进一步提升了旅游财务信息年鉴的学术价值。此外，北京中瑞达财税服务有限公司、北京久其软件股份有限公司为保证财务数据的准确性，承担了大量审核工作，在此一并表示感谢。

由于统计系统仍待完善，汇总企业数据还未能反映旅游业的全貌，加之时间和水平限制，年鉴编辑中难免会存在缺憾，敬请广大读者批评指正。研究报告中有关观点只代表课题组专家意见，仅供研究分析参考。

《中国旅游财务信息年鉴》编辑委员会

2013 年 8 月

目　　录

研究报告

统计分析

行业数据

研究报告

中国旅游业“宏观向好、微观困难”格局透视

中国社会科学院财经战略研究院
国家旅游局规划财务司

2013年8月

一、反差：宏观向好、微观困难

微观经济是社会经济发展的基础，通常情况下，宏观层面的持续向好是微观层面兴旺发达的体现。但在中国旅游行业中，却呈现了“宏观向好、微观困难”的现象，即宏观上旅游业持续向好，行业宏观数据振奋人心；但在微观上，企业经济效益并不理想，企业经营面临诸多困难。

（一）宏观向好：持续高涨的旅游市场和旅游业

1. 旅游市场快速扩张

从旅游业宏观面来看，2005年以来中国旅游市场一直保持快速扩张的发展势头。

2012年全国共接待国内外游客31亿人次，同比增长11.4%，旅游总

收入达 2.59 万亿元，同比增长 14.85%[①]，延续了中国旅游业持续高涨的态势。其中：

国内旅游市场方面，2012 年中国国内旅游人数高达 29.6 亿人次，同比增长 12.1%；国内旅游收入突破 2 万亿元，达到 2.27 万亿元，同比增长 17.6%，中国已成为全球最大的国内旅游市场。

入境旅游市场方面，2012 年尽管受全球经济下行影响，接待游客人数有小幅下降，但仍然保持在较高的规模水平上，全年入境旅游人数 13241 万人次，实现旅游外汇收入 500 亿美元，同比增长 3.1%。

出境旅游市场方面，2012 年中国公民出境旅游人数达到 8318 万人次，同比增长 18.4%，依旧保持了高速增长势头，中国公民出境旅游消费总额更是达到 1020 亿美元，位居全球第一[②]。

2. 旅游投资持续增加

中国旅游市场的持续向好的发展态势也带动了中国旅游投资的迅速增加，越来越多的资本进入到旅游业中，中国旅游企业的投资规模持续扩大。

2003 年，全国旅游投资累计形成固定资产总量仅为 8600 亿元[③]。而《中国旅游投资报告 2012》显示，到 2011 年，仅全国重点旅游项目投资总额已经达到 2.67 万亿元，累计完成投资 6572.57 亿元，当年完成的投资即为 2064.26 亿元。据估算，2011 年实际旅游投资总额为 4 万亿 ~ 5 万亿元，当年完成的投资为 3000 亿 ~ 5000 亿元[④]。而且，大型项目投资增长更

---

① 数据来源：国家统计局《中华人民共和国2012年国民经济和社会发展统计公报》，本部分各旅游市场数据同此来源。

② World Tourism Organization：UNWTO Tourism Highlights，2013.

③ 国家旅游局规划发展与财务司，《中国旅游投资报告2005》，中国旅游出版社，2005年10月，P14。

④ 国家旅游局规划财务司，《中国旅游投资报告2012》，中国旅游出版社，2012年1月，P23-P25。

快，2009 ~ 2011 年数据显示，大型综合类旅游项目的单体平均投资额达到 11.5 亿元，年平均投资额增长速度达到 36%。2011 年综合类大型项目投入 10961.2 亿元，比上年增长 27%，占投资总额的 41%，遥遥领先于其他项目类型[①]。

从纳入财务信息编报范围的旅游企业数据来看，2012 年旅游企业平均实收资本净额持续上升，全国旅游企业实收资本净额平均为 1005.42 万元，相比 2011 年中国旅游企业平均实收资本净额 972.85 万元呈现增加态势。

3. 旅游企业经营规模日益扩大

中国旅游投资的增长，特别是大型项目的快速增长，使得中国单体旅游企业的资产和经营规模也日益扩大。近年来，旅游企业规模一直保持平稳增长趋势，旅游企业总资产规模、固定资产规模、营业收入、旅游企业增加值均呈现上升趋势。在整个中国旅游市场大发展的背景下，旅游企业仍然保持增长的基本面，在宏观发展形势方面保持了较理想的状态。

从纳入编报范围的旅游企业数据来看，2012 年全国旅游企业平均总资产为 3897.09 万元，比 2011 年增加 257.35 万元，全国旅游企业平均固定资产净值为 1367.32 万元，比 2011 年呈现小幅增长；全国旅游企业平均营业总收入为 2306.28 万元，比 2011 年小幅增长；全国旅游企业人均增加值为 91788.02 元，比 2011 年旅游企业人均增加值 80266.02 元呈现较快增长态势。

① 国家旅游局规划财务司，《中国旅游投资报告2012》，中国旅游出版社，2012年1月，P16–P37。

4. 旅游企业经济规模保持较高增长速度

在宏观层面旅游业的增长，不仅体现在绝对的规模量上，也反映在旅游企业增长速度方面。近年来，旅游企业的销售增长率、资本积累率和总资产增长率等指标均显示出中国旅游业在宏观面上的强劲增长。

依据纳入编报范围的旅游企业数据，尽管2012年旅游企业销售增长率、资本积累率和总资产增长率比2011年增幅有所收窄，但是依然保持着较高水平的增长速度。2012年全国旅游企业销售增长率平均为13.04%，总资产增长率平均为11.15%，资本积累率为7.99%。

（二）微观困难：有所下滑的企业效益

与2012年中国旅游市场宏观层面持续向好的增长态势相比，在旅游业微观层面，旅游企业盈利状态和盈利能力不尽理想，反映在旅游企业营业利润、净利润和净资产收益率等指标方面，都出现了不同程度的下降。整个旅游行业都处于微利时代，除旅游集团略好外，旅游企业普遍存在盈利能力较低、资本效益不高问题。

从纳入编报范围的旅游企业数据来看，2012年旅游企业盈利能力有所减弱。旅游企业平均营业利润为62.29万元，比2011年的70.17万元降

表1　2010～2012年全国旅游企业平均利润数据

项　　目	2012年	2011年	2010年
平均营业利润（万元）	62.29	70.17	57.55
平均净利润（万元）	49.01	55.17	41.92
平均销售（营业）利润率	4.16%	4.17%	2.51%
平均净资产收益率	5.04%	5.32%	4.02%

低 7.88 万元；平均净利润为 49.01 万元，比 2011 年的 55.17 万元降低 6.16 万元；尽管旅游企业的营业总收入有所增加，但旅游企业的盈利水平仍然不高且有所下滑，2012 年全国旅游企业销售（营业）利润率平均为 4.16%，与 2011 年 4.17% 基本持平，但均处于较低水平；旅游企业净资产收益率平均为 5.04%，比 2011 年 5.32% 进一步降低。

二、背景：中国经济发展的特征

从整个中国经济的发展特征来看，旅游业“宏观向好、微观困难”的反差格局，也是中国经济“宏观暖，微观冷”的缩影，如何认识理解这一反差，并采取切实有效措施，顺势而为而不是逆流而上，成为把握中国旅游业的一个重要命题。

对于一个经济体或者具体行业来说，微观企业是经济体和行业发展的基础，经济体或者行业的繁荣伴随而来的也应该是微观经济的好转。然而现实的发展却总是呈现出宏观与微观的反差。2008 年全球金融危机之后，中国经济“宏观暖，微观冷”的特征日益明显。宏观经济方面，中国在强力政策刺激下表现良好，在全球经济体中一枝独秀，而微观经济的表现却不尽理想。在中国宏观经济十分鲜亮的数据之下，隐藏着风险，微观经济不稳定难以推动整体经济的持续发展。

从国际比较看，宏观与微观之间的反差状态似乎并不是中国经济的特色，美国经济同样呈现出宏观与微观之间的反差，只不过美国经济是与中国经济截然相反的图景。近年来美国经济呈现的是“宏观冷，微观暖”图景。尽管金融危机之后，美国宏观经济持续低迷不振，但是美国微观企业的盈利能力却在持续增长，微观企业状况表现良好。

（一）宏观层面：中国向好，美国低迷

从宏观层面，受金融危机冲击之后，无论是中国还是美国经济都呈现一段时间的低迷，但是在政府大规模的救市之后，中国宏观经济随之便迅速恢复，中国 GDP 增长率在全球一枝独秀，而与此相对的，美国经济增长率却一直处于恢复增长状态，失业率依然偏高，就业等宏观指标并不理想。具体从 GDP 增长数据来看，中国 GDP 增长率在 2010 年仍然保持在两位数的增长，尽管 2012 年经济增速开始下滑，但仍在 7.5% 以上，相比美国 GDP 增长率则一直徘徊在 1% ～ 2.5% 之间。

（二）微观层面：中国低迷，美国向好

微观层面，中国和美国却呈现出另外一派景象，中国微观企业持续低迷，亏损企业数量和亏损金额持续扩大，甚至许多企业面临倒闭，整个微

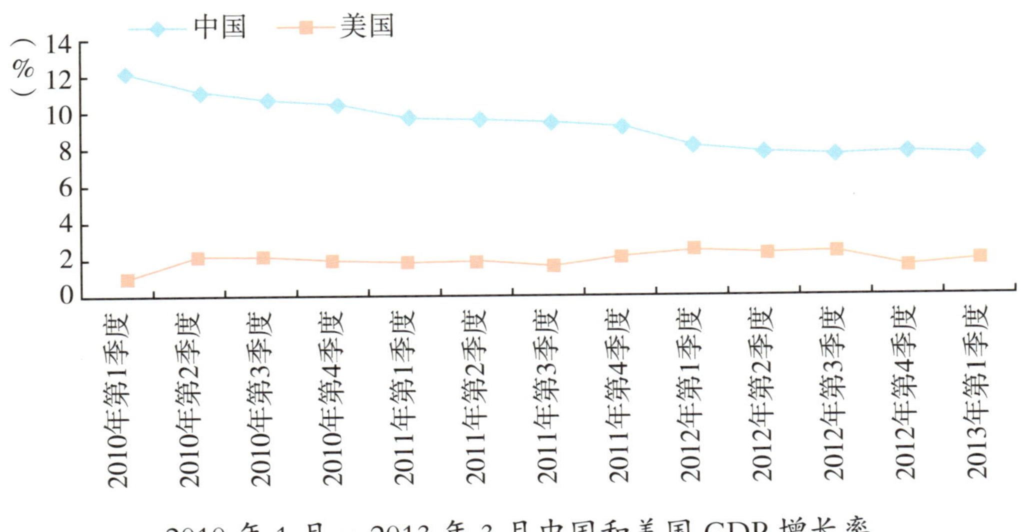

2010 年 1 月 ~ 2013 年 3 月中国和美国 GDP 增长率

注：中国 GDP 数据来源于国家统计局，美国数据来自中经网数据库。

观经济似乎进入到“硬着陆”的局面。而美国经济在金融危机之后，经过短暂的调整之后，微观企业迅速恢复并呈现持续的增长态势，企业盈利能力不断增长[①]。

具体在数据方面，中国工业企业的亏损数量和金额持续增加，企业的利润连续多月保持负增长。2012 年规模以上工业企业利润的增长速度从 27.3% 下滑到 -2.7%，仅 2012 年 7 月，32.7 万家工业企业的亏损比例增加了 3.53%，是 1999 年有数据以来亏损最严重的[②]。不仅仅是工业企业，自 2011 年第四季度以来，沪深两市 2429 家公司中，2012 年第三季度企业净资产收益率低于一年期贷款利率公司达到 1044 家，低于一年期存款利率公司竟然达 640 家，分别占比近 43% 和 25%[③]。所有这些微观数据都表明中国企业的盈利下滑至低点，处于十分艰难的生存状态，这从中国股市的持续低迷也能略见一斑。

与此相对的，美国微观经济呈现的却是另外一番景象。2008 年金融危机之后，经过短暂的恢复，美国微观企业盈利能力很快回到危机前的水平，企业盈利能力提升，现金流充足且债务大幅下降，其状况远远好于中国企业。

从美国企业发布的财务数据来看，2010 年美国第一季度标准普尔 500 指数成分股公司每股企业利润增长 8%，收益与 2009 年同期相比增长 34%，是自 1984 年以来最大的增幅。早在 2010 年，标准普尔 500 指数成分股公司的累计销售额、利润和就业人数超过了 2007 年经济衰退和金融

---

① James R. Hagerty / Jon Hilsenrath，美国经济疲弱难挡企业强劲盈利，美国华尔街日报中文网，2011年7月5日。

② 数据来源于中经网数据库。

③ 数据引自：张庭宾，中国企业债务危机不容等闲视之，第一财经日报，2013-6-17。

危机发生前的总体水平[①]。2011 年美国企业第二季度标准普尔 500 指数成分股公司的整体利润同比增长 13.6%[②]。不仅如此，标准普尔 500 指数成分股公司变得更有效率，生产力也有所提高。金融危机前的 2007 年，美国大企业每位员工创造的平均收入为 37.8 万美元，2011 年这一数字上升到 42 万美元[③]。

另一方面，金融危机之后，美国企业盈利水平持续增长，企业各项成本大幅压缩，企业现金量也在不断增加。特别是那些跨国公司其资产负债表中的现金存量有些甚至达到历史最高水平。从穆迪投资服务公司发布的报告来看，该机构评级的 1600 家公司的现金储备总额，从 2008 年的 8820 亿美元，一路上升到 2010 年年底的 12360 亿美元[④]。而至 2011 年第一季度美国企业的年化净现金流量达 1.73 万亿美元，高于 2010 年全年的 1.7 万亿美元，比历史低点的 2007 年的 1.24 万亿美元增长了 37.01%[⑤]。

美国微观企业的良好状况，也反映在美国股市之上，微观企业良好的盈利状况也推动了美国股市的持续上涨。即使是遭遇金融危机之后也仅仅

① 转引自：美国大企业复苏旺财不旺丁，邹蓝，深圳商报，2012年4月11日/SCOTT THURM，经济衰退过后美国大企业日子更好过，华尔街日报中文网，2012年4月19日。

② 数据来源于《华尔街日报》的分析基于标准普尔公司旗下数据提供商Capital IQ从美国证券交易委员会（Securities and Exchange Commission）上市公司备案文件中搜集到的数据，这项分析包括标准普尔500指数中468家已经公布财务业绩的成分股公司。

③ SCOTT THURM，经济衰退过后美国大企业日子更好过，华尔街日报中文网，2012年4月19日。

④ 其中前10家美国公司现金量分别为苹果（597亿美元）、微软（413亿美元）、思科（402亿美元）、辉瑞（364亿美元）、谷歌（350亿美元）、通用电气（296亿美元）、强生（277亿美元）、通用汽车（266亿美元）、英特尔（245亿美元）、甲骨文（244亿美元）。转引自：美国大企业：囤现金 握钱袋 等时机，张伟，经济日报，2011年9月24日。

⑤ 转引自：美国大企业：囤现金 握钱袋 等时机，张伟，经济日报，2011年9月24日。

是 2008 年年底降至谷底，之后股市一直是在持续上升。到 2013 年 3 月 6 日，道琼斯指数飙升至 14278 点，创造自 1896 年道指创立以来的新纪录，恢复到 2008 年危机之前，而 2013 年 5 月 17 日更是达到 15354 点。而另据美国股市迪罗基统计数据显示，25 宗最大 IPO 相比开盘价平均上涨了 22%，同期标普 500 上涨 15%，截至 2013 年 5 月初，在美上市的 64 家公司已经筹集了总额 168 亿美元的资金，而在 2012 年同期，共有 73 家公司在美上市，融资总额为 131 亿美元①。

（三）经济发展中的宏观与微观

宏观经济与微观经济是一个经济体的两面，一个运行良好的经济宏观经济与微观经济理应是同步一致的。近年来，中国经济“宏观暖，微观冷”与美国经济“宏观冷，微观暖”的现实反差，似乎都是对于经济健康发展的一种偏离，不同的是偏离方向的差别。

相较而言，作为经济基础的微观企业的复苏和发展与否，更是决定着一个经济体能否持续发展的关键。这一点，我们从近期美国宏观经济的开始转暖可以看出，只有具备微观企业的坚实基础，才能保证宏观经济的持续发展。与此相对，中国十分漂亮的宏观数据之下，微观企业的生存状况却不容乐观，这似乎在提示我们风险的存在，或者至少在告诉我们在经济发展中更应该重视微观经济。

对于旅游业来说，情况同样如此，旅游业宏观与微观的现实发展也是中国整体经济发展在其上的一个投影和折射，在旅游业宏观市场繁荣的同时，更应该注重旅游业的微观企业，更加应该为微观企业的生存和发展创造条件。

---

① 来自迪罗基（Dealogic）统计的数据。

三、原因：微利时代的旅游业

对于旅游行业出现“宏观向好、微观困难”反差格局，一定程度上也是中国经济发展问题的一个方面，这提示我们需要重视微观旅游层面的分析。因此，具体到旅游业“宏观向好、微观困难”的状况，综合分析来看，主要有以下几个方面的原因。

（一）外部环境：宏观经济形势放缓

进入2012年，无论是中国国内经济，还是全球经济，都进入一个新的发展周期和拐点。无论是新兴市场国家，还是发达经济体，整体的宏观经济都呈现疲软状态，低速的增长甚至都将成为常态。即使是之前增长强劲的新兴经济体，2012年经济增长也开始下滑。2012年中国经济增长速度继续延续了放缓的态势，全年GDP增长速度下降至7.8%，宏观经济相对不景气进入了一个新的阶段。在整个内外部相对不稳定和疲软的宏观环境的影响下，中国旅游企业在微观层面的效益状况，同样不可避免地受到影响。特别是旅游业中的中小企业，利润空间被进一步压缩。

（二）旅游市场：入境旅游市场疲软

尽管2012年中国出境旅游市场和国内旅游市场持续增长，但是受到全球经济，特别是欧美发达国家经济和消费不景气的影响，以及人民币对外升值、对内购买力下降的影响，中国的入境旅游市场持续低迷，这也使得中国旅游市场消费能力减弱，企业效益下滑。

2012年中国全年接待入境游客有所下滑，同比下降2%。而实际上，对于发展中国家旅游业来说，入境游客对于旅游企业的盈利状况来说是至关重要的，特别是那些高星级的酒店、高档旅游景区、高档旅游商品店等。因此，入境旅游市场的放缓，国际游客的下降，使得一些高星级酒店和旅游景区的经营效益下降。

（三）行业性质：旅游行业回报性质所致

除了受外部的宏观形势影响之外，旅游行业中微观企业低盈利状态，也是由于其自身的行业性质所致。

首先，旅游行业是一个高现金流的行业，尤其是旅行社行业，由于不规范的财务结算模式，导致大量的佣金收入并没有计入企业利润，而是直接用于发放工资奖金，从而造成企业账面利润少、投资回报率低等表面现象。从企业数量上看，近年来旅行社企业数量在不断增加，如果回报率低于银行存贷款利率，不可能有这么多资金投入到旅游行业。

其次，旅游行业，特别是旅游饭店和旅游景区，都属于高资本投入的行业，其前期需要有巨额的开发资金，而这些旅游项目的投资回报周期又相对较长，这使得旅游企业既需要承担前期巨额投资所形成的较高财务费用和资产折旧费用，在一定时期内旅游业的回收效益却相对较小，这也就必然造成了旅游企业面临较长时期的亏损状态。由于宏观向好，近年我国企业微观投资大增。2011 年，仅全国重点旅游项目投资总额已经达到 2.67 万亿元，这些重点项目累计形成固定资产 6572.57 亿元①，仅当年完成的投资即为 2064.26 亿元。据《中国旅游投资报告 2012》估算，2011 年实际旅游投资总额为 4 万亿 ~ 5 万亿元，当年完成的投资为 3000

① 国家旅游局规划财务司，《中国旅游投资报告2012》，中国旅游出版社，2012年1月，P23。

亿~5000亿元[①]。这从旅游企业的债务能力方面也可以看出，2012年全国旅游企业流动比率平均为110.4%，尽管与2011年相比，旅游企业的流动比率呈现增长态势，但旅游企业的流动比率与理想状态有一定的偏差，这也说明旅游企业在短期方面依然存在着一定的债务风险。特别是，随着近年来旅游企业的大规模的投资，也使得旅游企业积累了一定的债务风险。

（四）发展方式：旅游业高投资下的规模扩张并不必然带来效益的提高

从中国旅游业发展的周期来看，目前中国旅游业的发展仍然处于投资扩张的高速发展阶段。在现实的市场中，我们能见到许多的旅游投资进入到高星级酒店、大体量大规模景区，以及一些以旅游综合体包装的巨型项目，中国旅游业正处于大规模的外延式扩大，旅游资源的高强度开发和抢占的发展阶段和发展周期，这使得在宏观层面看来，中国旅游业呈现出一派喜人的景气。无论是旅游投资、资产规模，还是从整个旅游市场的景气程度来看，都是持续向好的。但是，对于微观的企业层面来说，在简单的规模扩张和延伸的周期阶段，所带来的必然是高投资之下的高成本，而且这样一种初级的投资经营方式在效率上也必然是不高的，进而表现在旅游企业财务效益状况上的不乐观。

因此，从旅游业所处的发展周期来看，旅游业所呈现出的“宏观向好、微观困难”的局面也有其存在的必然性，因为简单的规模扩张并不一定会带来效益的提升。

---

① 国家旅游局规划财务司，《中国旅游投资报告2012》，中国旅游出版社，2012年1月，P25。

（五）行业结构：旅游业中小企业为主，产业集中度低

由于旅游企业进入门槛较低，以大量的中小企业为主，甚至存在着许多微型的旅游企业，这些企业虽然在满足市场的分散多样化的需求方面发挥了极为重要的作用，但是这一市场结构，也使得旅游业原本较低的生产率和再生产能力受到了进一步的限制，旅游企业的低效益便成为普遍性问题。

从纳入编报范围的旅游企业的数据来看，相比 2011 年，2012 年旅游行业中小型企业的比重持续上升，增长了 1.7%，旅游产业以小型企业为主体的产业市场结构特征依然明显。

与此相对，在旅游市场结构方面，2012 年旅游产业的市场集中度进一步降低，除了旅游集团之外，旅游产业中的旅行社、旅游饭店和旅游景区景点的产业集中度均较低。旅游行业中市场集中度不高，也暴露出了中国旅游业规模竞争力不强的现实问题，影响到旅游企业竞争力和盈利能力的提升。

对于这些中小型企业来说，本身经济规模较小，产业层次不高，生产效率和成本控制能力相对较低，在外部环境冲击之下，自身的生存状况和盈利能力更不容乐观。

（六）成本因素：旅游企业成本压力激增

旅游业在规模扩张之下，旅游效益并没有实现提升，其中一个重要原因在于企业成本的激增，使得尽管营业收入有增长但是利润不一定增长，而这个成本既有生产要素方面的成本，也有来自经营层面的成本。近年来，中国国内各类生产要素成本不断上升，对旅游企业造成了极大的压

力，旅游企业一旦无法及时消化这些成本压力，结果必然是利润的下降。特别是对于旅游业这样的服务业来说，成本的变化往往会显著地影响到企业的盈利状况。

具体来说，2012年国内原材料价格、劳动力成本、能源价格、租金成本、税费成本乃至金融信贷成本的持续上升，使得企业的营业成本压力明显。

第一，旅游企业的人力成本高企。随着中国整体人口结构的变化，人口红利开始消失，劳动力成本上升明显。而旅游业，特别是酒店行业，更多是劳动密集型行业，劳动力成本占据较高的比重。依据调查中国五星级酒店人员成本平均占比是25%，四星级是30%，三星级是35%，经济型是40%。香港、新加坡的劳动力成本占比是50%以上[①]。因此，劳动力成本上升，直接给酒店等旅游企业带来了明显的成本上升。

第二，旅游企业水、电、气等能源成本的上升，也加重了旅游企业的经营成本。能源成本占到旅游企业的15%左右[②]。

第三，国内原材料价格的上涨增加了旅游企业的成本。自2010年之后，包括农产品在内的国内各类原材料均出现了持续的上涨趋势。

第四，旅游企业的各类税费也成为压垮企业的那根稻草。据统计，酒店企业的各类税费种类高达20多种[③]，较高的营业税，更使得旅游企业的生存日益困难。

第五，对于酒店业来说，建筑的物业租金持续上升也是其快速增长

① 引自：赵焕焱，酒店盲目扩张或致人力无解困局，中国企业报，2013年6月4日。

② 中国饭店协会常务副会长兼秘书长陈新华，饭店行业转型面临三大难题，中国商报，2013年3月8日。

③ 中国饭店协会常务副会长兼秘书长陈新华，饭店行业转型面临三大难题，中国商报，2013年3月8日。

的成本之一。随着国内房地产市场持续疯狂地上涨，酒店业所依赖的“租金红利”逐渐消失，代之的是高额的租金成本。之前一些酒店业依靠那些廉价的空厂房，甚至仓库等建筑改造经营酒店，获取了较低的物业价格利益。但是近年来，房地产市场的不断膨胀，使得各个城市的物业租金也高速增长，物业的租金成为其运营的重要成本。即使是一些经济型酒店，也因物业租金的过高成本，而难以实现其较低市场价格的目标定位，进而影响其市场竞争和盈利能力。

因此，尽管 2012 年旅游景区门票价格一波一波地上涨引起广泛的讨论，2012 年旅游景区平均门票价格为 43.98 元，相比 2011 年增幅较大。这其中固然有旅游景区自身经营管理的模式，但是从另外一个角度来看，也是旅游景区各类经营成本上升压力下的无奈之举。

（七）产业周期：旅游业进入结构调整周期

2003 年“非典”之后，中国旅游业持续扩张，发展至今整体上旅游行业呈现阶段性的供大于求的状态，“旅游投资过度”的现象开始反映在旅游企业的财务效益当中。不仅仅是中国旅游业，当前中国整个经济都处于一种去产能化的结构性调整阶段，而在这个市场清理、调整和消化过程中也必然会出现企业的亏损。

以酒店业为例。2012 年酒店业营业收入增长放缓，利润下降，盈利状况持续低迷，更多的原因也在于整个中国酒店行业供给“产能过剩”。近年来，全国各地酒店业建设进入了一个高涨的阶段，各级政府和投资者大力投资酒店建设，特别是将高星级酒店当作是城市形象的一个必备项目，一时间使得酒店供给大幅增加，而受宏观经济影响，市场需求下降，供需矛盾凸显，酒店之间激烈的价格竞争更是进一步压缩了相应的利润空间。特别是在一些区域，酒店业过分集中，酒店业的入住率和平均房价进一步下降，酒店房间的空置率持续增加。2012 年全国旅游饭店平均客房出租率为 60.21%，相比 2011 年有小幅下降。旅游饭店平均房价为 324.57 元，相比 2011 年也有小幅下降。所有这些都进一步使得营业利润持续下滑，这是前段时间中国酒店业发展所积累的产能过剩问题的释放和表现，酒店市场已然进入一个新的周期调整的阶段。

即使是前些年增长迅速的经济型酒店，同样面临着盈利下降的问题。以国内如家酒店为例，2012 年其营业总收入为 57.7 亿元，同比增长 45.7%，但是亏损达到 2680 万元，而 2011 年其盈利则高达 3.515 亿元①。

不仅仅是酒店业，其他旅游景区等旅游业态也存在着类似的问题，特别是随着国内热钱和剩余资本的快速增长，许多旅游投资进入高星级酒店、大体量大规模景区，以及一些以旅游综合体包装的巨型项目，所有这些快速增长，累积了持续的泡沫和问题，使得旅游业虽然有规模上的增加，但是没有出现营业效益上的提高。对于旅游企业来说，现阶段旅游业财务效益状况的下滑，也给整个旅游业提出了警示，短时间快速增长的供给量开始引致不平衡，市场进入了新的调整时期，如何能够进行结构性的转型和调整，进而消化市场的存量和各种结构性矛盾，是旅游业提高盈利能力的关键所在。

（八）产权结构：旅游业国有资本所占比重大

尽管随着旅游业市场化改革开放的进一步推进，特别是 2012 年 6 月国家旅游局下发了《关于鼓励和引导民间资本投资旅游业的实施意见》，进一步开放旅游市场，鼓励和支持民营资本进入旅游行业，2012 年旅游行

① 数据来源于如家集团2012年财务年报。

业的市场化程度不断提高，越来越多的民营资本进入旅游业中，但总体上看，旅游业中国有资本仍然位居首位。从纳入编报范围的旅游企业资本构成来看，2012 年全国旅游企业资本主要以法人资本和国家资本为主，其所占的比例分别为 46% 和 22%。

一方面，旅游业原本是一个竞争型的行业，但除了酒店业之外，其他业态大多为国有资本所垄断，旅行社业长期以来形成的寡头垄断市场结构至今没有打破，景区景点至今基本由各级政府垄断经营。国有资本的大规模介入，虽然一定程度上壮大了旅游行业的规模和投资力度，但是因国有资本的自身性质所限，国有资产法人缺位等问题突出，造成国有旅游企业的效益难以保障，特别是由于各种政策的限制，国有旅游企业在旅游资本市场上的运作难度更大、企业资本效益更低。

另一方面，由于受到政策和制度的制约，特别是传统体制的影响，中国旅游行业内大量的资产，特别是许多优质的资产，由国有资本或以国有资本为核心的法人控制，旅游企业资产之间的流转、交易、重组和流动难以实现，资产运作效率大大降低，旅游企业潜在资本价值不能得到充分体现，难以在资本运作和流动中获得重新配置和升值。

此外，国有资产比重过高，造成了一定的阴影效益，使得旅游业内民营资本难以快速成长，进而使得整个旅游业中的众多中小企业效益降低。

四、启示

中国旅游业“宏观向好、微观困难”的现实反差，既是中国整体经济“宏观暖，微观冷”的一个缩影，也是中国旅游业的核心问题之一。无论从哪个方面来说，都提醒我们，在旅游业发展过程中，我们需要转变发展方式，在保持旅游业宏观市场发展繁荣的同时，需要重视中国旅游业的微观基础，需要激活微观企业的活力，改善微观企业面对的各种生存条件和生存环境，提升企业素质，加快现代企业建设步伐（旅游上市公司效益明显优于一般旅游企业），为中国旅游业的发展奠定坚实的基础。

第一，在整个旅游业发展政策和方向中，需要转变方式。我们需要有宏观经济的漂亮数据，更需要为造就这些数据的微观企业创造良好的运转基础，否则经济发展就成为无源之水。过去几年中，中国无论是在经济发展上，还是在旅游业发展中，均对微观发展重视不够，当经济面临困难时，主要通过更大规模的投资，特别是政府主导的大型国有企业的项目投资，以实现宏观经济的规模增长，没有注重微观企业特别是中小型微观企业的发展。因此，出现了宏观层面一派喜人、微观层面的效益并不理想的局面。

第二，需要进一步地激活微观企业，进一步推进旅游业的市场化改革，激活微观企业动能，为之提供更多的生存和发展空间，借此来激活中国整个旅游业。

第三，中国旅游业需要更加市场化的竞争淘汰机制。美国企业之所以能够如此快速的复苏，一定程度在于其竞争淘汰机制，这使得尽管某个行业的整体规模和增长速度很低甚至不增长，或者有些行业数量在减少，但是行业内的企业却是盈利和增长的，企业的利润能够保持较快增长。

第四，要进一步改善微观旅游企业的生存状况和经营环境。要借助《旅游法》颁布和旅游企业开展“营转增”的良好时机，推动旅行社调整长期以来的“低价揽客、佣金反哺”经营模式，建立起健康有序、和谐诚信的经营管理模式；要通过各种税费改革减轻旅游企业负担；要通过小微企业贷款解决中小企业资金难问题等。

第五，政府应积极协助旅游企业与农业、林业、文化等其他产业的融合，在融合发展中，既提升旅游企业自身的效益，又扩大旅游业的影响，使旅游企业能够通吃旅游业发展的外部正效益。

第六，针对旅游资本市场开放不够，很多旅游企业的资产都不能真正发挥作用的问题，尽快搭建旅游资本运营平台，为旅游企业的兼并、整合、重组等创造更好条件。

最后，对于微观旅游企业自身来说，更需要提升自身的竞争实力，特别是在成本控制方面能力的提高。金融危机之后，美国企业同样经历过短暂的危机，但之后，其能够大幅削减成本，将财务费用和员工工资水平支出控制到了较好水平，降低成本支出，进而消化各种成本压力，提升企业盈利水平。

2012年上市旅游企业财务效益研究报告

宏源证券股份有限公司
国家旅游局规划财务司

2013年8月

一、上市旅游企业的基本特征

我们从上市公司业态、企业性质、企业规模及空间分布四个方面，对28家样本上市旅游企业2012年的财务数据进行了比较分析，发现旅游类上市企业中景区类企业占比最高、企业性质多以国有企业为主、规模以大型企业为主、空间分布主要集中在东部发达城市。另外，我们还结合10家国外上市的旅游企业的财务数据，分析国内上市企业和国外上市企业的差异及其产生差异的原因。国外上市的旅游类企业包括4家国内企业和6家国外企业。具体分析如下：

（一）样本情况

表 1　2012 年国内上市旅游企业业态分布

企业类别	样本企业数量（家）	所占比例（%）
旅游景区景点	10	35.71
旅游饭店类	5	17.86
综合旅游类	4	14.29
餐饮类	3	10.71
其他旅游企业	6	21.73

资料来源：宏源证券、上市公司公告

表 2　2012 年在国外上市旅游企业业态分布

企业类别	样本企业数量（家）	所占比例（%）
旅游景区景点	2	20.00
旅游饭店类	3	30.00
综合旅游类	5	50.00

资料来源：宏源证券、上市公司公告

从样本上市旅游企业数据的结果分析来看，2012 年上市旅游企业以旅游景点为主，其所占比例达到 35.71%；其他各类上市企业占比都比较相近。①

① 根据上市公司主营业务中各业务的分类，同时参照公司的经营战略，我们把旅游类上市企业划分为五大类：把景区业务收入占比超过50%的上市企业划分为景区类上市企业；把旅游饭店业务收入占比超过50%以上的企业划分为旅游饭店类上市企业；餐饮业务占比达到50%以上的企业划分为餐饮类旅游上市企业；把旅行社业务占比超过50%的上市企业划分为综合旅游类上市企业，主要有中青旅、中国国旅、国旅联合和首旅股份四家上市公司。另外，把业务种类比较复杂，主要是地产业务和旅游服务占比较高的上市企业划分为其他类上市企业，共6家，包括华侨城A、腾邦国际、云南旅游、世纪游轮、九龙山、西安旅游。

从全国旅游企业的分布来看，旅行社数量所占的比率达到了 60% 以上，但上市的旅行社家数却只有四家，说明我国的旅行社还是呈现数量多、规模小、集中度低的特点，具有重要影响力的企业数量有限。景点景区类上市企业占据了旅游行业上市企业的一半，这与景区类上市企业良好的盈利能力有关。

引入的 10 家国外上市公司的主营业务介绍如下表所示[①]：

表 3　国外上市公司主营业务介绍

公司名称	主　营　业　务
迪士尼	电影与电视、音乐、主题公园、度假酒店、玩具、儿童书籍、周边商品等
Club-med	度假区（观光、旅游）
七天	连锁酒店
如家	连锁酒店
洲际	酒店
携程	旅游服务网站（酒店预订、机票预订、旅游度假、美食订餐及旅游资讯）
艺龙	在线旅游服务（提供酒店、机票和度假等全方位的旅行产品预订服务）
Expedia	旅游服务网站（提供机票预订、酒店预订、汽车出租、游船等服务）
Tripadvisor	旅游服务网站（旅游信息、酒店索引、酒店选择工具、酒店房价比价搜索等服务）
Priceline	旅游服务网站（机票、酒店、租车、旅游保险）

资料来源：宏源证券、上市公司年报

① 报告中引入的国外上市的旅游类企业分别是景区类企业，包括迪士尼、Club-med；旅游饭店类企业，包括七天、如家、洲际；综合旅游类企业，包括携程、艺龙、Expedia、Tripadvisor、Priceline。

（二）企业性质构成特征

表 4　国内上市旅游企业性质以国有企业为主

企业类别	样本企业数量（家）	所占比例（%）
国有及国有控股企业	19	67.86
私营企业	8	28.57
中外合资	1	3.57

资料来源：宏源证券、上市公司公告

从企业性质来看，上市旅游企业中国有及国有控股企业占到了上市旅游企业的 67.86%；私营企业所占比例为 28.57%。在我国鼓励民间资本投资旅游业的大背景下，私营旅游企业有望在未来有更多的上市机会。相比而言，外资和中外合资类的上市旅游企业很少，只有 1 家上市企业。

（三）企业规模特征

表 5　企业规模多以大型企业为主

企业类别	样本企业数量（家）	所占比例（%）
大型企业	25	89.29
中型企业	3	10.71

资料来源：宏源证券、上市公司公告

从企业的规模来看，上市旅游企业以大型企业为主，大型企业占到了 89.29%，中型企业占比为 10.71%。①

① 对于企业规模的划分是参照企业的从业人数和销售额来划分的，大型旅游企业的标准是从业人数在800人以上，年销售额在15000万元以上；中型旅游企业的标准是从业人数在500～800人之间，年销售额在3000万元至15000万元之间；小型旅游企业标准是从业人数在400人以下，年销售额在3000万元以下。

（四）企业区域分布特征

表6　企业集中分布于东部发达地区

地　区	样本企业数量（家）	所占比例（%）	地　区	样本企业数量（家）	所占比例（%）
北　京	6	21.43	湖　北	1	3.57
广　东	4	14.29	西　藏	1	3.57
上　海	2	7.14	辽　宁	1	3.57
云　南	2	7.14	重　庆	1	3.57
湖　南	2	7.14	广　西	1	3.57
江　苏	2	7.14	浙　江	1	3.57
陕　西	2	7.14	安　徽	1	3.57
四　川	1	3.57			

资料来源：上市公司公告、宏源证券

从空间分布来看，我国上市旅游企业多分布在东部沿海地区，北京、广东都有多家上市旅游企业。北京上市旅游企业最多，占到了21.43%；广东所占比率也较高，达到14.29%。上海、云南、湖南等地分别拥有2家上市企业，西部地区上市旅游企业相对较少，但随着国家西部大开发战略的深入，中西部地区可以依托自己独特的旅游资源和文化提升地区在旅游行业的竞争力，未来中西部地区的上市旅游企业数量有望进一步提升。

二、上市旅游企业财务效益分析

（一）旅游类上市企业整体特点

表 7　2011 年和 2012 年上市旅游企业效益情况

单位：%

财务指标		全国旅游行业企业		全国旅游上市公司		旅游上市公司（加国外）	
		2012 年	2011 年	2012 年	2011 年	2012 年	2011 年
盈利能力	净资产收益率	5.04	5.32	12.82	12.41	16.13	15.41
	总资产报酬率	3.98	3.98	5.79	5.62	8.28	7.87
	销售利润率	4.16	4.17	14.68	15.55	20.04	19.24
	成本费用利润率	4.92	4.91	18.50	19.62	25.60	24.26
营运能力	总资产周转率	0.63	0.65	0.51	0.47	0.57	0.57
	流动资产周转率	1.56	1.63	0.97	0.87	1.86	1.94
	存货周转率	2.04	1.96	1.01	0.89	5.93	5.60
	应收账款周转率	19.69	21.50	14.11	13.79	5.31	5.05

续表

财务指标		全国旅游行业企业		全国旅游上市公司		旅游上市公司（加国外）	
		2012 年	2011 年	2012 年	2011 年	2012 年	2011 年
偿债能力	资产负债率	55.71	56.24	54.82	54.68	48.49	48.75
	流动比率	110.40	104.94	141.48	154.57	131.64	130.31
	速动比率	88.39	82.79	133.42	143.39	129.29	127.24
	长期资产适合率	160.75	151.84	251.83	265.23	192.47	194.48
发展能力	销售增长率	13.04	17.66	20.85	17.78	8.77	11.55
	资本积累率	7.99	11.18	11.68	17.50	8.96	2.40
	总资产增长率	11.15	11.40	12.03	21.10	8.10	3.19

资料来源：国家旅游局、上市公司公告、宏源证券

1. 从企业盈利能力分析，旅游类上市企业明显高于旅游行业企业的平均水平，因为盈利能力是遴选上市企业的重要标准，只有盈利能力强、利润高的企业才有资格上市。与 2011 年相比，2012 年上市旅游企业的盈利能力变化不大。加入国外上市公司数据后上市旅游企业的净资产收益率、总资产报酬率、销售利润率和成本费用利润率均有较大提高，表明国外旅

游类上市企业的盈利能力明显高于国内旅游类上市企业。以净资产收益率为例，迪士尼为 14.73%，Tripadvisor 为 38.03%，Priceline 为 43.87%，洲际酒店甚至高达 171.92%。

2. 从企业营运能力分析，上市企业和一般企业在总资产周转率方面差别不大；流动资产周转率、存货周转率、应收账款周转率明显低于国内一般水平；分行业存货水平存在较大差距，其中，景点类上市企业存货水平占总资产的水平较低，而餐饮、酒店类上市企业存货占总资产的比率相对较高。与 2011 年相比，2012 年上市企业的营运能力数据未出现较大变化。加入国外上市企业后，总资产周转率变化不大，流动资产周转率有小幅上升，存货周转率上升明显，而应收账款周转率则大幅下降。具体来看，如家、洲际酒店的高存货周转率提升了总体的存货周转率，而国外上市企业的高应收账款水平则降低了总体应收账款周转率。

3. 从企业偿债能力分析，理论上，由于上市企业有更多的机会进行股权融资，所以其资产负债率应该低于所有企业的平均水平。不过 2012 年上市企业的资产负债率上升，仅仅略微低于所有企业的平均水平，这和股票市场的不景气导致债券融资比重上升密切相关。上市公司的流动比率和速动比率比较高，流动资产对流动负债的保障能力更强，上市企业的短期偿债能力更强。长期资产适合率从企业资源配置结构方面反映了企业的偿债能力，从维护企业财务结构稳定和长期安全性角度出发，该指标数值较高比较好，但过高也会带来融资成本增加的问题，理论上认为该指标 ≥ 100% 较好。由于上市企业所有者权益数值相对较大，因而上市企业在长期资产适合率方面高于一般的旅游行业企业。与 2011 年相比，上市企业的资产负债率基本持平，流动比率和速动比率小幅上升，体现了短期偿债能力有所增强，但总体来说偿债能力的数值变动很小，这种变化更多归因于上市企业在长短期债务上的结构性调整，对上市企业的影响不大。加入国外上市企业后资产负债率略有下降，流动比率、速动比率、长期资产适合率上升明显。

4. 从企业增长能力分析，上市企业的整体水平明显高于一般旅游业企业。具体来看，上市企业的销售增长率达到了20%以上，而全行业销售增长率为13.04%。可见，上市企业不但盈利水平上高于一般企业，企业的成长状况和发展能力同样具有明显优势。这一方面与上市企业自身在行业内的突出发展能力有关，另一方面也离不开上市对提高企业知名度和影响力的重要作用。相比一般企业，上市企业在股权融资上的优势更大，选择更多，因而在资本积累方面明显占优，其持续发展的能力也更强。总资产增长率衡量的是企业本期资产规模的增长情况，用以评价企业经营规模总量上的扩张程度。上市企业总资产增长率略高于一般企业，从某种程度上反映了上市企业整体上并不存在着盲目扩张的问题。

与2011年相比，全国旅游上市公司的总资产增长率和资本积累率均有一定的下降，这是由于2011年丽江旅游资产注入拉高了整体基数。上市企业的流动比率在2012年有所下滑，主要由于上市企业流动负债的增速18.5%要快于流动资产的增速8.5%。上市企业净资产收益率的增长主要得益于净利润的增长，2012年上市企业净利润同比增长15.40%，而所有者权益增加11.68%。加入国外综合旅游类上市企业后，增长能力各项指标均出现下降，说明国外上市企业增长能力平均水平低于国内上市企业。其中，占据总市值份额较大比重的迪士尼其销售增长率、资本积累率、总资本增长率分别为3.39%、6.35%、3.85%，明显低于国内上市企业总体水平，另一个占市场份额较大比重的洲际酒店其销售增长率、资本积累率、总资本增长率分别为3.79%、-42.88%、9.94%，拉低了总体增长能力水平。

（二）景区类上市企业分析

1. 国内景区类上市企业盈利能力好于全国均值

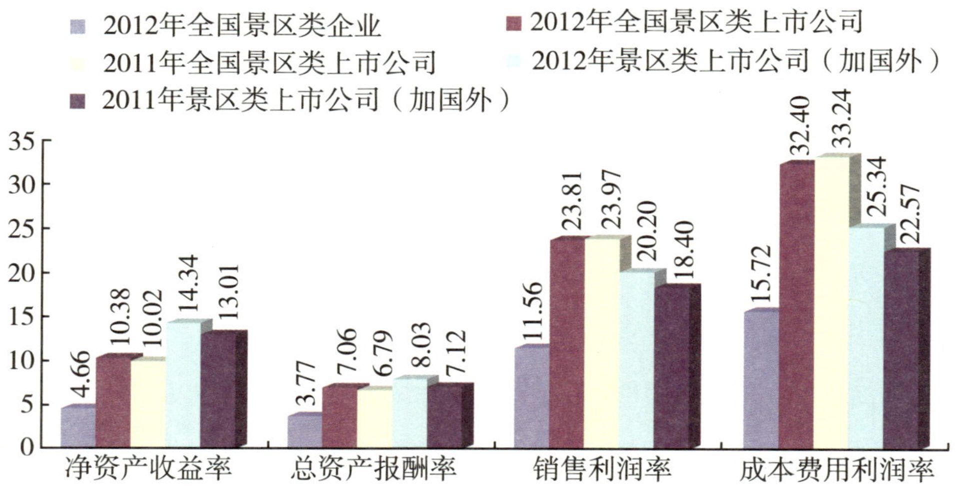

图 1　景区类上市企业盈利能力

资料来源：宏源证券、国家旅游局、上市公司公告

表 8　国内景区类上市旅游企业盈利能力

单位：%

	净资产收益率		总资产报酬率		销　售利润率		成本费用利润率	
年　份	2012	2011	2012	2011	2012	2011	2012	2011
景区总体	10.38	10.02	7.06	6.79	23.81	23.97	32.40	33.24
北京旅游	3.33	1.64	3.15	1.17	9.37	4.52	10.83	4.94
丽江旅游	16.71	17.12	17.30	20.27	40.37	38.44	72.05	66.50
黄山旅游	13.23	15.99	12.35	14.45	19.01	23.44	24.67	32.27
宋城股份	9.18	8.49	10.50	9.44	51.26	55.63	113.32	137.64

续表

	净资产收益率		总资产报酬率		销 售利润率		成本费用利润率	
年 份	2012	2011	2012	2011	2012	2011	2012	2011
峨眉山 A	19.29	17.19	18.09	15.00	23.75	19.09	33.21	25.02
张家界	30.50	38.06	29.87	37.66	19.53	22.04	25.23	29.48
桂林旅游	4.15	4.72	4.63	4.50	12.20	13.34	13.74	15.40
大连圣亚	4.43	1.68	4.71	2.33	5.11	–1.39	5.85	–1.53
西藏旅游	1.72	2.25	2.21	2.78	10.09	5.82	11.87	6.57
三特索道	11.05	8.90	10.34	10.27	24.77	21.00	28.51	28.38

资料来源：宏源证券、上市公司公告

表 9　国外景区类上市旅游企业盈利能力

单位：%

	净资产收益率		总资产报酬率		销 售利润率		成本费用利润率	
年 份	2012	2011	2012	2011	2012	2011	2012	2011
景区总体	14.34	13.01	8.03	7.12	20.20	18.40	25.34	22.57
迪士尼	14.73	12.84	13.24	12.00	21.33	19.39	27.71	23.50
Club–med	0.43	0.45	0.16	0.16	1.51	1.84	0.98	0.72

资料来源：宏源证券、上市公司公告

由于全国范围内景区的水平参差不齐，大部分景区属于知名度不高、低 A 级或者公益性成分较大的景区，而上市的景区类企业都属于知名度高、盈利能力强的企业，因而从景区类的比较来看，上市企业的盈利能力要明显强于景区类企业的整体水平。通过净资产收益率指标可以看到，景区类上市企业之间盈利能力水平差距较大，最低的西藏旅游只有不到 2%，而最高的张家界则接近 30.50%；丽江旅游、峨眉山分别在 15% 以上，净资产收益率水平较高的景区类企业经营资产主要以盈利能力较强的门票、索道客运为主。宋城股份虽然净资产收益率低于总体水平，但是其销售利润率达到了 50% 以上，其净利润水平也有望进一步提升。

对比 2011 年，2012 年景区总体的净资产收益率和总资产收益率两项盈利指标小幅上升，销售利润率和成本费用利润率两项盈利指标小幅下降。具体到各家上市公司，升降各半。2012 年，北京旅游、宋城股份、峨眉山 A、大连圣亚和三特索道净资产收益率和总资产收益率上升，其余上市公司下降。北京旅游、丽江旅游、峨眉山 A、大连圣亚、三特索道、西藏旅游的销售利润率和成本费用利润率出现上升，其中大连圣亚由负转正。可见景区类上市企业的盈利能力趋同性并不高，企业的盈利能力高低还要结合公司具体业务和发展战略来看，例如，丽江旅游在 2011 年完成索道改造并通过印象丽江注入资产后提升了公司的盈利能力，因此在 2012 年保持了比较高的盈利能力。

加入国外景区类上市公司后，2011 年和 2012 年的净资产收益率和总资产收益率均有所上升，而销售利润率和成本费用率则有所下滑。其中，由于迪士尼的净利润占全部景区类净利润总额的 96.86%，所以迪士尼的净资产收益率和资产收益率对景区总体情况具有决定性影响，提升了景区总体的净资产收益率和资产收益率。同样迪士尼的销售利润率和成本费用利润率均低于未加入国外上市企业的总体水平，所以加入后拉低了全部景区类上市公司的销售利润率和成本费用利润率水平。迪士尼在资产规模已经达到较高水平的情况下，依然能保持比较高的净资产和总资产回报率，这与迪士尼业态多元化有很大的关系。另外，Club-med 的盈利能力指标虽然不高，但因规模比较小，所以对总体的影响比较小。

2. 涉房类上市公司存货周转率较低

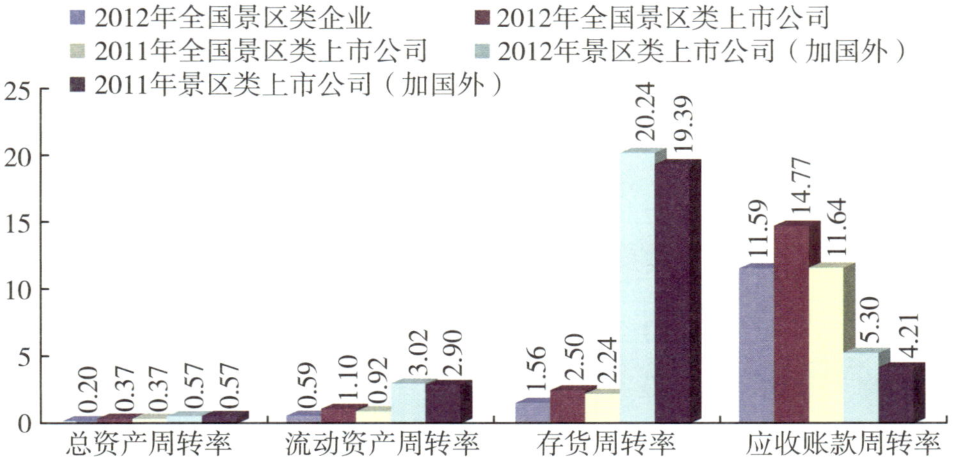

图 2　景区类上市企业运营能力

资料来源：宏源证券、国家旅游局、上市公司公告

景区类上市企业在营运能力上呈现出来的特点，与景区类企业总体情况存在差异。景区类上市企业在应收账款周转率、总资产周转率、存货周转率以及流动资产周转率方面都要高于景区类企业的平均水平，体现了景区类上市企业更好的资金周转能力和效率。与 2011 年相比，上市企业的整体周转率有了一定的提升，资金使用效率提高，增加了上市企业的盈利能力。从各家景区类上市企业的存货周转率来看，上市企业经营资产的不同导致存货周转率的差别较大，存货周转率较高的张家界和宋城股份都超过了 100，主要原因为其经营主业为景区资产，属于轻存货类的企业，一定时期内的平均存货较小。对比这几家上市企业的盈利能力，可以发现存货周转较快的公司往往盈利能力也较强，也就是说占用在存货上的资金周转越快，对于提升公司的盈利水平越有帮助。从应收账款周转率来看，各上市公司水平差异明显，丽江旅游、宋城股份、张家界的应收账款周转率

表 10　国内景区类上市旅游企业营运能力

单位：%

	总资产周转率		流动资产周转率		存　货周转率		应收账款周转率	
年　份	2012	2011	2012	2011	2012	2011	2012	2011
景区总体	0.37	0.37	1.10	0.92	2.50	2.24	14.77	11.64
北京旅游	0.17	0.25	0.40	0.67	9.71	8.71	28.16	30.63
丽江旅游	0.40	0.50	1.19	2.34	17.77	29.79	136.76	202.80
黄山旅游	0.58	0.60	1.48	1.44	1.32	1.33	35.68	35.32
宋城股份	0.19	0.17	0.33	0.23	200.99	248.32	133.38	144.68
峨眉山 A	0.76	0.76	3.20	3.27	18.11	22.02	66.37	97.80
张家界	1.42	1.58	8.41	7.87	131.76	156.09	1070.09	903.66
桂林旅游	0.21	0.22	0.76	0.79	1.75	2.01	5.21	4.72
大连圣亚	0.32	0.26	1.30	1.11	10.26	7.83	180.61	—
西藏旅游	0.16	0.26	0.50	0.72	6.97	12.99	4.37	5.43
三特索道	0.28	0.34	1.11	1.22	1.14	0.91	72.64	88.92

资料来源：宏源证券、上市公司公告

表 11　国外上市景区类旅游企业营运能力

单位：%

	总资产周转率		流动资产周转率		存　货周转率		应收账款周转率	
年　份	2012	2011	2012	2011	2012	2011	2012	2011
景区总体	0.57	0.57	3.02	2.90	20.24	19.39	5.30	4.21
迪士尼	0.58	0.58	3.08	3.15	21.34	21.81	6.46	6.61
Club-med	1.15	1.05	5.74	4.76	—	—	28.83	27.76

资料来源：宏源证券、上市公司公告

比较高，表明其应收账款水平比较低。而主营业务涉及房地产业务的企业则存货周转率比较低，比如黄山旅游商品房销售收入占主营业务收入的10.84%，其存货水平比较高，相应存货周转率比较低。

与2011年相比，2012年景区总体的周转率出现小幅上升，但各上市公司周转指标变化差异性比较明显。其中丽江旅游流动资产周转率下降系公司发行中期票据融资2.5亿元所致；宋城股份流动资产周转率上升系建设项目工程款的支付及丽江、武夷山项目土地款的支付所致。丽江旅游、宋城股份、张家界的存货周转率降幅比较大，而北京旅游和大连圣亚的存货周转率增幅明显。

加入国外上市公司后，景区总体的总资产周转率、流动资产周转率、存货周转率均出现上升，而应收账款周转率出现下滑。前文中已经分析到，迪士尼的总资产等各项财务数据占景区总体的绝对比重，所以加入迪士尼后，景区总体的各项周转率水平受迪士尼的周转率水平的影响比较大。表11中的数据显示，景区总体的周转率水平均与迪士尼的周转率水平比较接近。

3. 资本市场融资平台助力、上市企业偿债能力强

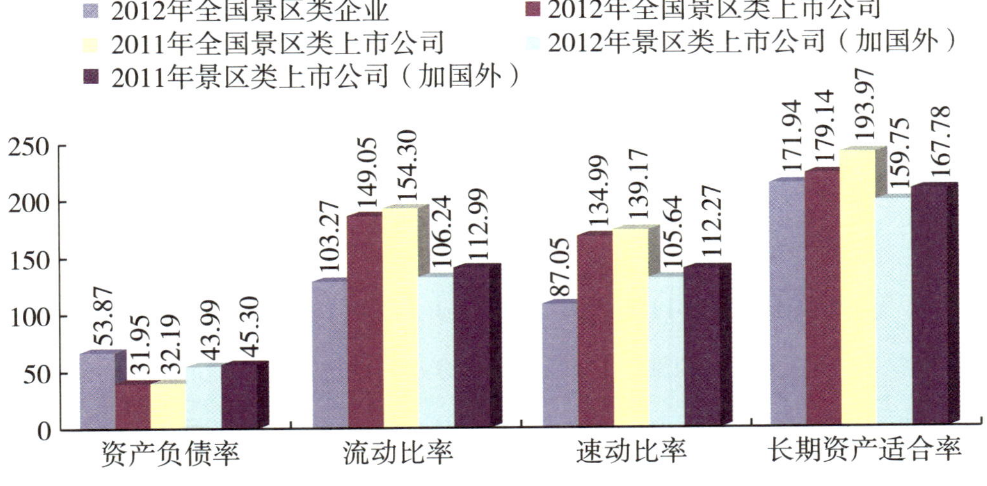

图3　景区类上市企业偿债能力

资料来源：宏源证券、国家旅游局、上市公司公告

表 12　国内景区类上市旅游企业偿债能力

单位：%

	资产负债率		流动比率		速动比率		长期资产适合率	
年　份	2012	2011	2012	2011	2012	2011	2012	2011
景区总体	31.95	32.19	149.05	154.30	134.99	139.17	179.14	193.97
北京旅游	13.21	15.14	493.17	667.30	482.68	656.24	238.12	259.29
丽江旅游	39.18	30.47	205.53	142.93	202.37	140.73	193.58	143.24
黄山旅游	43.08	41.67	89.20	108.09	29.45	34.09	108.69	190.00
宋城股份	8.33	11.08	637.15	746.96	636.60	746.78	356.93	525.32
峨眉山 A	18.40	25.24	153.32	113.59	137.50	103.86	147.43	121.39
张家界	25.51	37.64	65.31	61.34	62.60	58.67	141.53	120.79
桂林旅游	32.23	38.23	117.89	93.19	81.80	77.36	152.12	142.57
大连圣亚	56.85	52.65	67.04	48.56	63.14	45.60	127.38	90.71
西藏旅游	40.52	32.25	173.95	243.90	166.58	238.36	527.44	632.64
三特索道	57.88	59.56	76.08	64.39	45.67	28.04	135.31	117.58

资料来源：宏源证券、上市公司公告

表 13　国外上市景区类旅游企业偿债能力

单位：%

	资产负债率		流动比率		速动比率		长期资产适合率	
年　份	2012	2011	2012	2011	2012	2011	2012	2011
景区总体	43.99	45.30	106.24	112.99	105.64	112.27	159.75	167.78
迪士尼	43.98	45.30	107.00	114.00	95.00	101.00	160.92	169.04
Club-med	64.00	64.84	291.00	308.00	46.00	47.00	86.00	101.62

资料来源：宏源证券、上市公司公告

从企业偿债能力看，由于上市企业具有更强的股权融资能力，因而资产负债率远低于一般景区类企业；从短期偿债能力看，上市企业流动资产对流动负债的保障能力也更强，主要原因是上市企业对通过负债筹集资金的依赖性并不强，短期负债相对较少；同时，由于上市企业的所有者权益在长期资产适合率中所占比例更高，财务结构更加安全。从每家上市企业的流动比率、速动比率、长期资产适合率水平来看，各企业间还是存在一定的差异，北京旅游、宋城股份、西藏旅游均大幅高于行业水平，而黄山旅游、张家界、大连圣亚、三特索道则明显低于行业水平。另外资产负债率指标中，北京旅游、宋城股份、张家界也明显低于行业水平，表明其偿债能力比较强。

2012年景区类上市公司总体资产负债率31.95%，与2011年基本持平，流动比率、速动比率、长期资产适合率等都有小幅下降。景区类上市企业流动比率的下降主要由于流动负债同比上升5.6%，而流动资产则下降0.6%。上市企业的偿债能力变化很小，对企业影响有限，资产负债率略有下降，反映短期偿债能力的流动比率和速动比率也有小幅下降。其中宋城股份资产负债率下降是由于归还银行借款导致负债下降，流动比率和速动比率下降是由于建设项目工程款的支付及丽江、武夷山项目土地款的支付导致货币资金下降19.42%，长期资产适合率的下降主要是由于宋城景区二期综合体和基础设施及配套改造项目、杭州乐园景区改扩建项目、烂苹果乐园景区改建项目已完工部分由在建工程转入固定资产使得固定资产占总资产比例上升8.59%。峨眉山A资产负债率下降的原因是长短期负债综合减少2500万元。

加入国外上市公司后，景区总体各项偿债能力指标均接近于迪士尼的偿债能力指标，原因依然是迪士尼各项财务指标占市场总体的权重比较大。

4. 景区增长能力下滑、基数效应作用明显

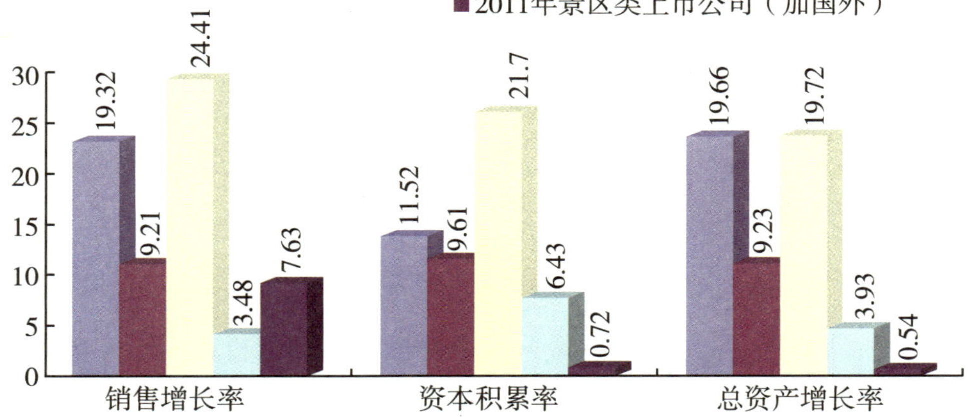

图 4　景区类上市企业增长能力

资料来源：宏源证券、国家旅游局、上市公司公告

表 14　国内景区类上市旅游企业增长能力

单位：%

	销售增长率		资本积累率		总资产增长率	
年　份	2012	2011	2012	2011	2012	2011
景区总体	9.21	24.41	9.61	21.70	9.23	19.72
北京旅游	–5.78	6.63	2.91	200.58	0.65	102.60
丽江旅游	6.18	191.57	14.73	15.78	31.89	12.69
黄山旅游	15.00	10.81	10.08	16.92	12.89	26.03
宋城股份	16.18	13.44	6.75	6.78	5.17	2.26
峨眉山 A	4.79	23.37	17.02	14.85	7.09	3.02
张家界	22.52	46.75	36.61	47.05	14.52	0.56
桂林旅游	–2.03	0.45	1.79	1.94	–7.58	9.62

续表

	销售增长率		资本积累率		总资产增长率	
年　份	2012	2011	2012	2011	2012	2011
大连圣亚	32.89	24.68	4.04	1.69	13.96	0.60
西藏旅游	−19.59	62.30	1.74	112.24	16.45	58.49
三特索道	−1.49	10.75	13.48	7.87	17.53	20.75

资料来源：宏源证券、上市公司公告

表 15　国外上市景区类旅游企业增长能力

单位：%

	销售增长率		资本积累率		总资产增长率	
年　份	2012	2011	2012	2011	2012	2011
景区总体	3.48	7.63	6.43	0.72	3.93	0.54
迪士尼	3.39	7.44	6.35	0.28	3.85	4.22
Club-med	2.82	4.97	−8.19	−0.88	−1.81	−10.91

资料来源：宏源证券、上市公司公告

从增长能力来看，2012 年景区类上市企业的销售增长率、资本积累率、总资产增长率同比增速均出现大幅下滑，并且低于全国一般景区企业，这在一定程度上是由基数效应引起的。上市公司的资产规模、净资产规模已经达到比较高的水平，所以同比增速很难再维持比较高的水平。另外增长能力的下滑，也与行业整体发展形势有很大关系。

我们选取销售增长率来分析上市企业之间的差异（见表 14），其中北京旅游、丽江旅游、峨眉山 A、张家界、桂林旅游、西藏旅游、三特索道销售增长率均出现较大幅度的下滑。而黄山旅游、宋城股份、大连圣亚则保持上升趋势。丽江旅游由于2011年印象丽江资产的注入和索道业务改造的完成使其销售增长率大幅增长，而2012年难以维持2011年的高增长率。张家界的销售增长率的下滑，同样也是因为在2011年宝峰湖景区、十里画廊观光电车提质改造使得当年的销售增长率高达46.75%，从而2012年难以在高基础上维持高增长率。宋城股份和黄山旅游的销售增长率则进一步提升，其中宋城景区保持稳健的增长态势、品牌美誉度持续提升，新项目烂苹果乐园为公司赢得了超预期的口碑和收益；黄山旅游销售增长率提升得益于酒店业务和商品房销售收入的高增长，特别是商品房销售同比增长180%。

加入国外上市公司后，成长能力指标均出现下滑，迪士尼的增长能力很大程度上决定了行业的增长能力平均水平。迪士尼资产规模比较大，在基数效应的作用之下，其各项增长能力指标都处于长期稳健状态。Club-med 2012年销售增长率下滑2.6%，主要原因是2012年在澳大利亚林德曼岛三星级度假村的出售，剔除林德曼岛后的销售增长率上升2.8%，其中，Club-med接待的中国游客数同比增长24%。

5. 景区发展重点着力于丰富业态、提振人均消费

一般情况下，景区类企业的整体盈利能力高于其他类型旅游企业的盈利水平；而从全国范围来看，景区类上市企业的盈利能力也是远远高于一般企业的。从几个重点补充指标中，我们可以看出景区类上市企业盈利能力突出的原因，具体分析如下：

（1）样本情况

我们选取了景区类上市企业中有代表性的三家企业：峨眉山A、宋城股份以及丽江旅游，表16中列出了这三家上市企业中主营业务收入前三名的业务产品的毛利率水平。

表 16　国内景区类上市企业主营业务毛利率

单位：%

	主营业务产品	2012 年毛利率	2011 年毛利率
丽江旅游	索道运输	84.96	83.98
	印象演出	74.77	75.15
宋城股份	宋城景区	79.07	82.26
	杭州乐园景区	37.34	64.79
	动漫馆	—	15.32
峨眉山 A	游山门票	41.61	39.84
	客运索道	84.08	80.42
	旅游饭店	21.60	19.73

资料来源：宏源证券、上市公司公告

表 17　国内景区类企业业务毛利率

	景区餐饮	景区商品	景区娱乐
毛利率（%）	42.18	41.12	43.16

资料来源：宏源证券、上市公司公告

表 18　2012 年国内景区类上市旅游企业人均消费

	营业收入（万元）		游客数		人均消费（元）	
年　　份	2012	2011	2012	2011	2012	2011
峨眉山 A	95111.00	90765.48	276.90	259.69	343.49	345.60
丽江旅游	58958.23	55526.68	283.77	267.79	207.77	207.35
宋城股份	58615.71	50453.22	810.00	704.35	72.37	71.63

资料来源：宏源证券、上市公司公告

（2）各企业数据说明

由于宋城景区以演艺业务为主，游客中过夜游人数少，所以住宿消费少，人均消费水平较低；峨眉山的人均消费水平在行业中处于较高水平，达到人均 343.49 元；丽江旅游的游客人数主要以索道游客和印象丽江游客为主，两部分游客的重合部分占比比较大，所以此处以索道游客数代表丽江旅游的总游客数，因此人均消费存在高估的可能性。可见，我国景区类上市企业的人均消费水平还是有较大差别，上市公司可以提升的空间比较大，可以通过增加景区业务种类，完善已有业务服务水平来吸引更多游客进行消费，进一步提升人均消费水平，增加上市公司盈利。

可以看到，这三家上市企业的一个显著特点是主营业务收入中前三名的业务产品毛利率都很高，不少业务产品的毛利率超过了 80%。对比全国的数据来看，虽然全国景区类企业在餐饮、商品和娱乐方面的毛利率水平很高，领先于综合旅游类企业、旅游饭店类企业的毛利率水平，但相比于上市企业来说，还是落后的比较多。

传统的餐饮和商品销售的毛利率相对较低，而景区娱乐的毛利率较高。参考上市企业的数据可以发现，除了传统的索道业务保持很高的毛利率外，上市企业具有其他较高盈利水平的增长点，比如说丽江旅游的印象演出业务、宋城股份的“宋城千古情”。这些新业务偏向于文化和旅游的大融合，符合旅游产业融合发展的新趋势，其经营毛利率达到了 70% 甚至接近于 80%。

参考全国景区类企业各业务的毛利率水平以及代表性上市公司的相关补充指标可以发现，景区类企业盈利水平高低的关键首先在于企业主营产品的盈利能力，如果企业能保持主营业务中有几项突出的高毛利率业务产品，企业往往能够达到比较高的盈利水平。同时，从具体的业务来看，传统的餐饮、商品销售所带来的盈利水平较有限，除去存量资产的稳定增长，企业如果想获取较高的整体盈利能力，需要丰富经营业态，扩大高盈利资产占比，这是企业未来提升自己盈利能力的关键。

2012 年，上述三家上市企业的营业收入与 2011 年相比都有增加，人均消费也比较稳定，增幅和降幅都比较小。

表 19　2012 年国内景区类上市企业各业务收入占比

单位：%

	峨眉山 A		宋城股份		丽江旅游	
年　份	2012	2011	2012	2011	2012	2011
门　票	37.23	36.28	21.89	25.77	—	—
索　道	26.97	26.76	—	—	40.38	35.24
演　艺	—	—	70.72	72.96	41.38	41.40
其　他	35.80	36.96	7.39	1.27	18.24	23.36

资料来源：宏源证券、上市公司公告

（3）结论：多元化经营提升盈利能力

从各业务的占比情况可以看出，索道业务和门票收入是景区类上市企业收入的两大主要来源，这与全国景区类上市企业有着比较大的趋同度。但值得注意的是，这几家代表性的上市公司同时还拥有自己的特色业务。宋城股份的演艺业务营收占比高达 70% 以上，丽江旅游也达到了 40% 以上，而且这部分业务还具有较高的毛利率，提高了公司的盈利能力。

对于景区类企业来说，传统的门票收入和索道收入虽然能给企业带来相对稳定的收入，但由于旅游市场的竞争日趋激烈，如何改变业务单一经营，多元化自己的业务，为企业带来新的增长点是景区类企业迫切需要解决的一点。同时，减少公司对单一业务的依赖，对于平衡上市企业的收入，抗拒不可控风险也有至关重要的作用。

从两年的对比数据来看，各家上市企业各主营业务的占比非常稳定。这体现了这几家盈利能力较强的上市企业稳健的经营风格和稳定的利润来源，主打优势业务为企业带来了稳定的业绩增长。

（三）旅游饭店类上市企业

1. 国内旅游饭店类上市企业盈利能力高于全国平均水平

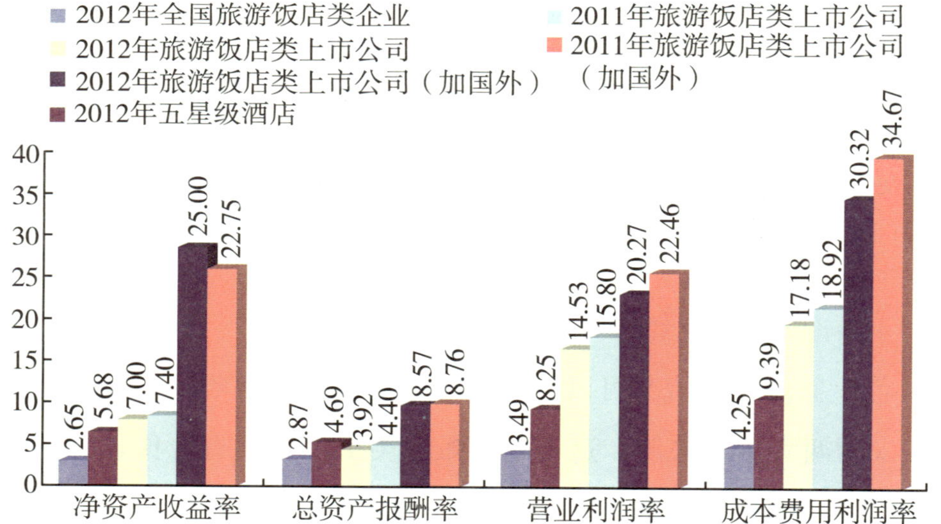

图 5　旅游饭店类上市企业盈利能力

资料来源：宏源证券、国家旅游局、上市公司公告

表 20　国内上市的旅游饭店类旅游企业盈利能力

单位：%

	净资产收益率		总资产报酬率		销售利润率		成本费用利润率	
年　　份	2012	2011	2012	2011	2012	2011	2012	2011
旅游饭店总体	7.00	7.40	3.92	4.40	14.53	15.80	17.18	18.92
新都酒店	–9.06	0.96	–2.40	2.88	–34.26	2.75	–27.88	2.51
东方宾馆	5.16	3.43	5.34	3.63	12.41	9.80	14.93	11.57
华天酒店	6.66	8.12	4.53	5.42	6.98	11.27	8.04	13.23
金陵饭店	8.79	10.14	6.23	7.78	24.18	25.14	29.63	33.66
锦江股份	9.01	7.80	8.84	7.25	19.04	17.39	22.99	20.66

资料来源：宏源证券、上市公司公告

表 21　国外上市的旅游饭店类旅游企业盈利能力

单位：%

	净资产收益率		总资产报酬率		销售利润率		成本费用利润率	
年　份	2012	2011	2012	2011	2012	2011	2012	2011
旅游饭店总体	25.00	22.75	8.57	8.76	20.27	22.46	30.32	34.67
七天	11.05	8.90	8.49	6.41	8.56	7.19	10.37	8.16
如家	–0.68	10.64	–0.25	7.74	2.50	6.75	5.31	8.71
洲际	171.92	82.88	16.70	15.50	33.24	33.60	45.39	45.32

资料来源：宏源证券、上市公司公告

上市公司酒店以五星级酒店为主，其盈利能力明显高于全国旅游饭店类企业的平均水平，但与全国五星级酒店平均 5.68% 的净资产收益率、4.69% 的总资产报酬率、8.25% 的总资产报酬率、9.39% 的成本费用利润率都较为相近。可见，许多的非上市五星级酒店已满足上市标准，可积极鼓励其加快上市步伐。

从净资产收益率来看，旅游饭店类上市企业的收益水平参差不齐，从表 20 可以看出，旅游饭店类企业的净资产收益率水平并不高，即使是行业中水平最高的锦江股份企业也只有 9.01%。

与 2011 年相比，旅游饭店类上市企业的盈利能力出现了小幅下滑，导致这一现象出现的主要原因是 2012 年宏观经济增速减慢以及对三公消费的限制。宏观经济环境增速放缓一定程度上带来了旅游饭店消费的减少，进而给酒店经营带来了巨大的盈利压力。可以看到，旅游饭店类上市企业的盈利能力与宏观经济的状况存在比较高的敏感度。不过，东方宾馆和锦江股份盈利能力仍然保持上升态势。其盈利能力的提升是公司调整战略的结果，公司在确保现有资源的基础上，以中高端的政务、商务客户为目标客户，组合个性化产品，增加特色增值服务，在淡季和节假日及时做出相应的促销方案以增加营收；锦江股份盈利能力提升是由于经济型酒店抗风险能力强，营业利润和净利润的增加主要是经济型连锁酒店业务利润的大幅增长，以及公司出售部分长江证券股票增加收益和长江证券支付股利减少等所致。

加入国外上市企业后，旅游饭店总体的净资产收益率、总资产收益率、销售利润率、成本费用利润率均远高于加入前的盈利能力指标，主要是由于洲际酒店的强盈利能力。洲际酒店采取轻资产的商业模式，其所拥有的酒店数目只有 10 家，但是经营的酒店数目则高达 4602 家，所有者权益很低。如家酒店 2012 年的净利润为负值，与公司激进的扩张性经营有直接的关系,2011 年 10 月公司收购了 168 家汽车旅店的全部股权，同时公司还持续开设新的旅店，截至 2012 年年底公司共有 26 家旅店在建设当中，巨大的成本费用，使得当年的净利润为负值。如家酒店激进的扩张经营策略未来可能会带来盈利能力的提升，但同时也加大了经营风险。

2. 地产业务拉低存货周转率

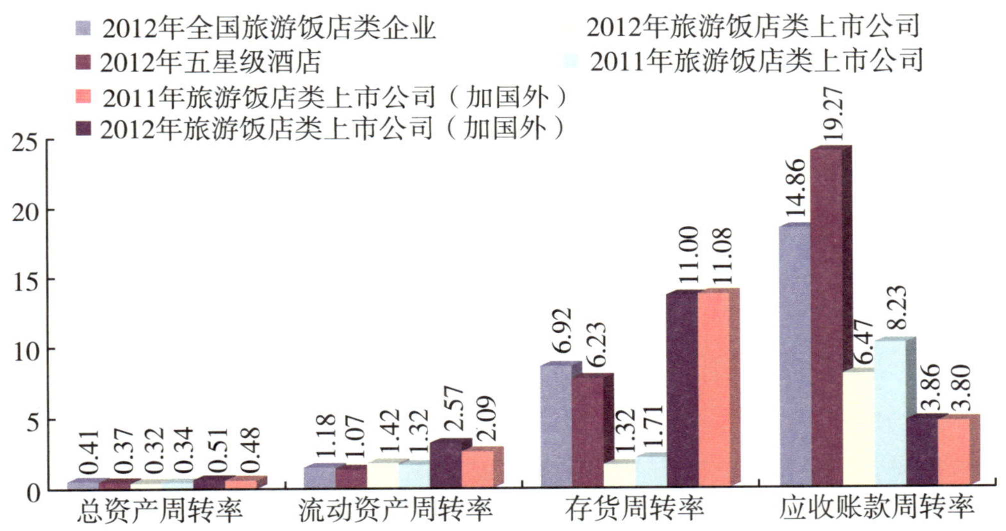

图 6　旅游饭店类上市企业营运能力

资料来源：宏源证券、国家旅游局、上市公司公告

在营运能力方面，从图 6 可以看到，旅游饭店类上市企业的总资产周转率略低于全国平均水平，而应收账款周转率和存货周转率明显慢于同类企业的全国平均水平。流动资产周转率方面，旅游行业上市企业的水平要明显低于所有企业的平均水平，但在旅游饭店行业内，上市企业的流动资产周转率则略高于所有旅游饭店类企业。

表 22　国内上市的旅游饭店类旅游企业营运能力

单位：%

	总资产周转率		流动资产周转率		存　货周转率		应收账款周转率	
年　份	2012	2011	2012	2011	2012	2011	2012	2011
旅游饭店总体	0.32	0.34	1.42	1.32	1.32	1.71	6.47	8.23
新都酒店	0.14	0.14	0.60	0.57	25.04	28.13	5.57	6.06
东方宾馆	0.45	0.43	1.75	2.64	22.61	23.35	48.41	29.41
华天酒店	0.27	0.31	1.21	1.23	0.93	1.52	22.00	30.04
金陵饭店	0.25	0.33	0.58	0.68	1.21	1.97	10.70	14.86
锦江股份	0.45	0.40	2.76	2.66	9.52	10.63	50.60	57.98

资料来源：宏源证券、国家旅游局、上市公司公告

表 23　国外上市的旅游饭店类旅游企业营运能力

单位：%

	总资产周转率		流动资产周转率		存　货周转率		应收账款周转率	
年　份	2012	2011	2012	2011	2012	2011	2012	2011
旅游饭店总体	0.51	0.48	2.57	2.09	11.00	11.08	3.86	3.80
七天	0.87	0.82	3.33	2.79	39.12	37.22	150.29	254.20
如家	0.62	0.53	3.00	1.50	112.63	88.53	55.17	40.34
洲际	0.59	0.62	2.96	3.39	458.75	442.00	4.64	4.78

资料来源：宏源证券、国家旅游局、上市公司公告

具体到各家旅游饭店上市企业的情况来看，这一子行业中较低的存货周转率主要还是由行业内巨大的分化带来的：华天酒店和金陵酒店过低的存货周转率拉低了整个子行业的存货周转率。较低的存货周转率往往与公司存货的增加有关，华天酒店存货增加是房地产开发成本增加所致，存货增加了 20.59%。

从不同年份的比较来看，除总资产周转率基本保持不变之外，2012 年上市企业的流动资产周转率小幅上升、存货周转率和应收账款周转率有小幅下降，这与分析盈利能力时提到的宏观环境带来的需求下降有一定关系，上市企业资金流的减少以及成本的上升降低了企业资金运转的效率。

加入国外上市企业后，除了应收账款周转率下降外，其他旅游饭店类总体营运能力周转率指标均明显上升，表明国外旅游饭店类上市企业的营运能力优于国内旅游饭店类上市企业。

3. 上市酒店企业偿债能力更强

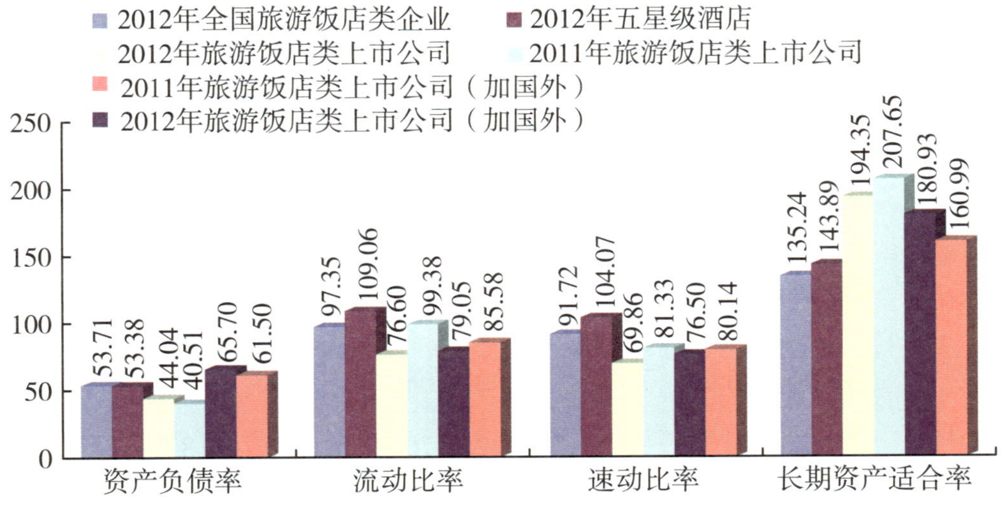

图 7　旅游饭店类上市企业偿债能力

资料来源：宏源证券、国家旅游局、上市公司公告

表 24　国内上市的旅游饭店类旅游企业偿债能力

单位：%

	资产负债率		流动比率		速动比率		长期资产适合率	
年　份	2012	2011	2012	2011	2012	2011	2012	2011
旅游饭店总体	44.04	40.51	76.60	99.38	69.86	81.33	194.35	207.65
新都酒店	42.86	43.04	154.04	210.3	151.59	207.7	145.55	157.06
东方宾馆	17.78	17.4	230.86	173.38	224.42	164.79	161.36	149.74
华天酒店	73.19	68.59	42.97	65.95	17.77	35.47	106.82	132.82
金陵饭店	23.73	26.63	223.65	202.91	166.1	171.67	618.97	590.79
锦江股份	20.82	19.15	103.03	95.74	99.69	92.27	326.24	284.96

资料来源：宏源证券、上市公司公告

表 25　国外上市的旅游饭店类旅游企业偿债能力

单位：%

	资产负债率		流动比率		速动比率		长期资产适合率	
年　份	2012	2011	2012	2011	2012	2011	2012	2011
旅游饭店总体	65.70	61.50	79.05	85.58	76.50	80.14	180.93	160.99
七天	46.06	46.05	74.47	76.92	68.71	72.38	104.29	103.78
如家	55.67	59.37	72.77	112.32	70.39	110.26	187.46	216.07
洲际	90.29	81.30	84.62	67.21	80.13	64.42	187.03	127.60

资料来源：宏源证券、上市公司公告

在偿债能力方面，上市企业与一般企业间呈现出来的特点也类似于旅游行业整体呈现出的特点：上市企业的资产负债率低，长期资产适合率高。略有不同的是上市企业的流动比率、速动比率相对于该子行业中所有企业平均水平要低。

从各家旅游饭店的流动比率和速动比率来看，大多数上市企业的流动比率和速动比率维持在比较正常的水平，华天酒店的两项指标远低于行业平均水平，主要原因是公司为扩展业务而获取的长短期借款占总资产的比重较高，达到32.9%。

各家上市企业在2012年流动比率和速动比率都出现普遍下降，说明上市企业在短期偿债能力上有所下降。其中，流动比率和速动比率出现较大下降的华天酒店，是由于公司增加了1.1亿元的短期借款所导致的。

加入国外上市公司后，旅游饭店类总体资产负债率上升明显，而流动比率、速动比率升降不一，长期资产适合率下降明显，这说明国外上市企业的长期偿债能力明显低于国内，短期偿债能力与国内差别不大。具体来看，资产负债率上升明显的主要原因是洲际酒店轻资产的经营模式，使得其所有者权益比较少，而负债水平比较高。长期资产适合率的下降系七天酒店长期偿债能力比较弱所致。

4. 集团类上市旅游饭店增速快于全国均值

从增长能力来看，旅游饭店上市企业除总资产增长率明显高于全行业平均水平外，销售增长率与旅游饭店行业所有企业基本持平，资本积累率略高于旅游饭店行业所有企业的平均水平。对比2011年的数据，上市企业整体的销售增长率在2012年出现了比较明显的下降，主要原因是宏观经济的不景气以及中央对于三公消费的限制，使得旅游饭店类企业的营业收入增长乏力。总体的资本积累率和总资产增长率则比2011年增加。

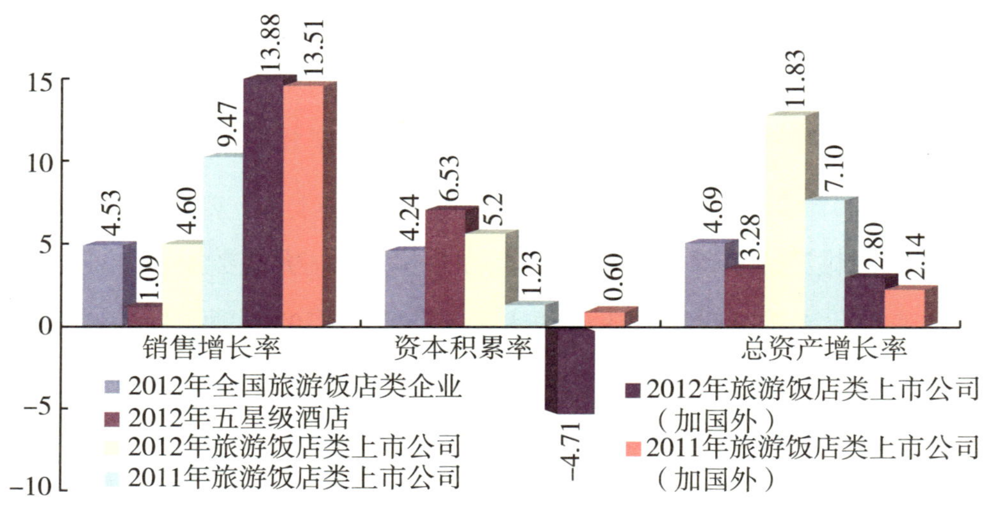

图 8　旅游饭店类上市企业增长能力

资料来源：宏源证券、国家旅游局、上市公司公告

表 26　国内上市的旅游饭店类旅游企业增长能力

单位：%

年　份	销售增长率		资本积累率		总资产增长率	
	2012	2011	2012	2011	2012	2011
旅游饭店总体	4.60	9.47	5.20	1.23	11.83	7.10
新都酒店	−7.55	1.37	−8.67	0.97	−8.96	−2.12
东方宾馆	5.90	15.88	2.94	−2.00	3.42	−2.81
华天酒店	5.12	13.93	−3.77	8.46	19.93	20.99
金陵饭店	−13.38	36.13	9.19	7.84	2.99	30.73
锦江股份	10.39	−0.40	7.53	−7.59	8.56	−9.95

资料来源：宏源证券、上市公司公告

表27 国外上市的旅游饭店类旅游企业增长能力

单位：%

	销售增长率		资本积累率		总资产增长率	
年　份	2012	2011	2012	2011	2012	2011
旅游饭店总体	13.88	13.51	-4.71	0.60	2.80	2.14
七天	27.64	33.66	8.06	10.39	8.07	33.61
如家	45.71	25.02	2.31	40.87	-6.24	80.66
洲际	3.79	8.60	-42.88	90.72	9.94	6.92

资料来源：宏源证券、上市公司公告

从各上市企业的总资产增长率来看，各公司的差异比较大，华天酒店依然保持很高的总资产增长率，东方宾馆和锦江股份的总资产增长率也由负转正，而新都酒店和金陵饭店的总资产增长率则出现较大下滑。从公司的业务来看，总资产增长率较高的公司往往采取了扩张业务、加快开店的经营策略，因而总资产上升的速度比较快。可见在旅游饭店行业，总资产增加的快慢程度与公司采取的经营策略有很大的关系。

从各类上市企业的销售增长率来看，大多数公司销售增长率出现较大下滑，而锦江股份的销售增长率则由负转正，且呈现较高的增速。金陵饭店出现销售增长率大幅下降源自合并报表操作口径差异。锦江股份的高销售增长率主要是由于公司经济型连锁酒店业务和食品与餐饮业务继续保持增长，其中经济型酒店业务实现合并营业收入210265万元，比上年同期增长11.32%。

加入国外上市公司后，销售增长率提升，而资本积累率和总资产增长率下降。因为七天和如家较快的并购脚步，其销售增长率远远高于国内，拉高了总体的销售增长率。

5. 上市企业平均出租率、房价均高于全国均值

表 28　旅游饭店类上市旅游企业平均出租率与平均房价

		金陵饭店	华天酒店	东方宾馆	锦江股份	首旅（民族）	首旅（京伦）	全国
2012	客房出租率（%）	74.3	82.27	72.75	70.85	75.99	75.58	60.21
	平均房价（元）	876.83	462.21	612.47	624.31	680.2	595.04	324.57
2011	客房出租率（%）	78.7	63.39	64.22	61.73	74.8	81.94	61.49
	平均房价（元）	870.14	615.23	667.71	655.94	676.42	527.89	321.5

资料来源：宏源证券、国家旅游局

从上表中可以看到，与全国五星级饭店平均客房出租率 61.68%、平均房价 646 元相比，2012 年上市企业客房出租率明显高于全国五星级饭店的客房出租率，而平均房价则与全国五星级饭店基本持平。对比 2011 年的客房出租率和平均房价，2012 年的客房出租率明显上升，华天酒店甚至超过 80%。对比之前的增长能力指标，锦江股份的销售增长率由 –0.40% 提升到 10.39%，与客房出租率的大幅提升有直接关系。从平均房价来看，各家上市企业的平均房价远高于全国旅游饭店类企业的平均水平。其中，金陵饭店的平均房价遥遥领先，高于其他上市公司 200 元左右。2012 年，锦江股份和金陵饭店的净资产收益率居于行业前两位，并且锦江股份销售增长率也位于行业第一，因此对于旅游饭店类上市公司，平均客房出租率与平均房价越高的企业在盈利能力方面的表现越突出。

（四）综合旅游类上市企业

1. 多业态经营，上市综合旅游类企业盈利能力较强

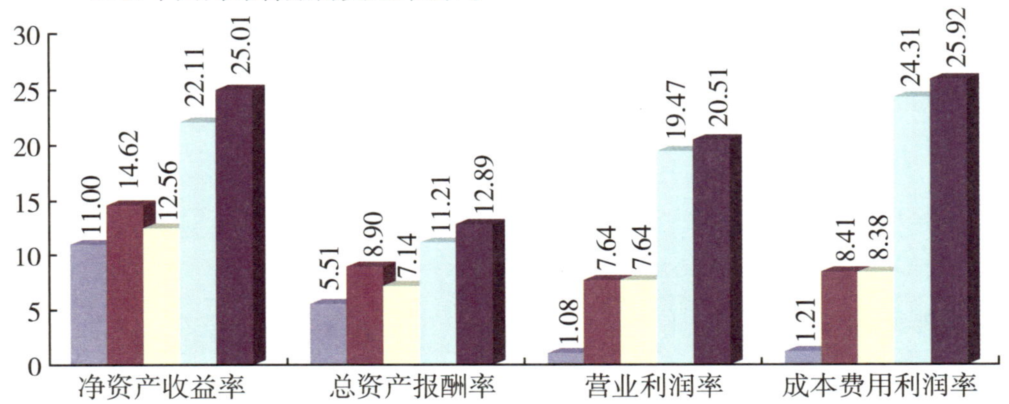

图 9　综合旅游类上市企业盈利能力

资料来源：宏源证券、国家旅游局、上市公司公告

从盈利能力来看，综合旅游类上市企业在四个指标上都高于总体的平均水平，体现了综合旅游类上市企业良好的盈利能力。通过观察四家综合旅游类上市企业的数据可以发现，除中国国旅的平均利润率水平高于行业平均水平外，其余三家均低于行业平均水平。而中国国旅的市场份额比较大，净利润占到全行业的 62.35%，因此拉升了总体的净资产收益率。中国国旅之所以能够保持比较高的盈利能力，离不开其业态多元化的经营模式，尤其是免税业务的发展。

从上市企业收益率的变化来看，中青旅的收益率比较稳定，但随着未来公司新投入项目的正式运营（如古北水镇等），未来的收益率预期会上

表 29　国内上市的综合旅游类企业盈利能力

单位：%

	净资产收益率		总资产报酬率		销　售利润率		成本费用利润率	
年　份	2012	2011	2012	2011	2012	2011	2012	2011
总体	14.62	12.56	8.90	7.14	7.64	7.64	8.41	8.38
中青旅	10.90	10.96	9.02	8.54	6.70	7.58	7.37	8.43
中国国旅	19.56	15.60	18.15	14.80	8.97	8.52	9.93	9.32
国旅联合	–11.56	–11.28	–2.60	–5.91	–39.19	–38.05	–31.62	–33.05
首旅股份	11.11	9.56	9.96	8.87	6.10	6.21	6.57	6.69

资料来源：宏源证券、上市公司公告

表 30　国外上市的综合旅游类企业盈利能力

单位：%

	净资产收益率		总资产报酬率		销　售利润率		成本费用利润率	
年　份	2012	2011	2012	2011	2012	2011	2012	2011
总体	22.11	25.01	11.21	12.89	19.47	20.51	24.31	25.92
携程	10.56	16.38	9.19	15.07	16.57	32.12	25.32	17.43
艺龙	0.02	2.53	0.02	2.87	–8.73	8.33	–7.66	–7.66
Expedia	12.51	19.39	6.44	7.49	11.31	11.88	12.28	12.00
Tripadvisor	38.03	42.65	27.43	34.91	37.41	43.88	14.51	112.69
Priceline	43.87	48.15	34.26	40.76	33.60	31.39	51.35	53.33

资料来源：宏源证券、上市公司公告

升。中国国旅的盈利能力出现了比较明显的上升，主要是因为三亚免税店的销售状况良好，且这部分业务的毛利率远高于传统的旅游业务，因而总体提升了公司的盈利指标。

加入国外上市公司后各项盈利能力指标均有上升，主要由于 Tripadvisor 和 Priceline 高盈利能力提升了总体数据。Tripadvisor 和 Priceline 都是属于轻资产类的公司，其中 Tripadvisor 2012 年 77% 的收入来自由点击率带来的广告收入，除此之外还运营 20 多个其他品牌；而 Priceline 2012 年 82% 的预订量来自美国本土以外的业务。

2. 总资产规模较大，上市类综合旅游企业资产周转率较低

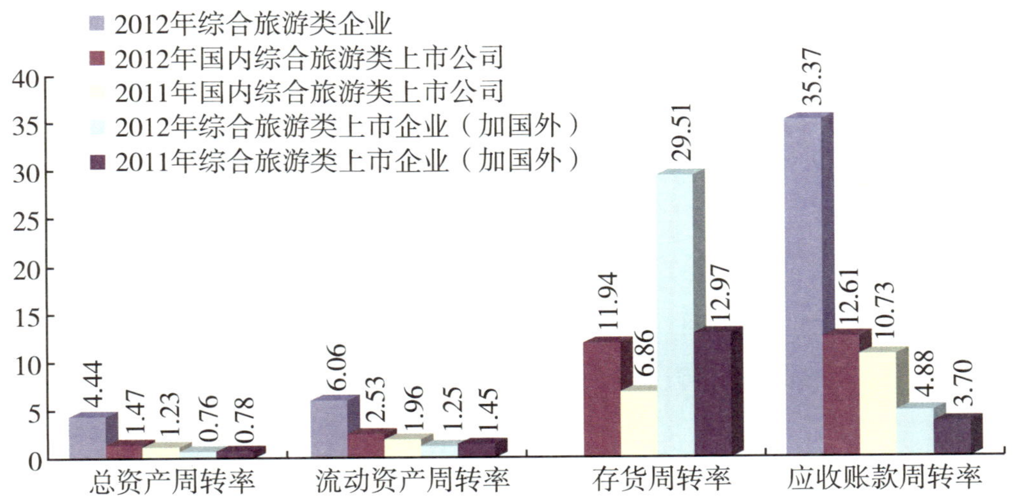

图 10　综合旅游类上市企业营运能力

资料来源：宏源证券、国家旅游局、上市公司公告

从营运能力来看，在总资产周转率、流动资产周转率以及应收账款周转率方面，上市企业的周转速度都要慢于同类企业的平均水平，主要由于上市综合旅游类企业同时涉足景区运营、免税品销售等其他业态，其总资

表 31　国内上市的综合旅游类企业营运能力

单位：%

	总资产周转率		流动资产周转率		存　货周转率		应收账款周转率	
年　份	2012	2011	2012	2011	2012	2011	2012	2011
总体	1.47	1.23	2.53	1.96	11.94	6.86	12.61	10.73
中青旅	1.26	1.04	2.38	1.75	6.71	4.09	11.81	11.29
中国国旅	1.94	1.79	2.61	2.28	13.44	13.54	20.27	17.14
国旅联合	0.13	0.14	0.38	0.40	3.69	4.39	20.45	19.66
首旅股份	1.36	1.23	4.45	5.53	88.97	88.11	98.37	98.31

资料来源：宏源证券、上市公司公告

表 32　国外上市的综合旅游类企业营运能力

单位：%

	总资产周转率		流动资产周转率		存　货周转率		应收账款周转率	
年　份	2012	2011	2012	2011	2012	2011	2012	2011
总体	0.76	0.78	1.25	1.45	29.51	12.97	4.88	3.70
携程	0.41	0.42	0.42	0.68	—	—	4.23	4.43
艺龙	0.34	0.36	0.38	0.39	—	—	5.82	7.04
Expedia	0.59	0.52	1.65	1.73	—	—	8.73	10.16
Tripadvisor	0.52	0.55	1.68	2.80	—	—	9.37	9.38
Priceline	1.00	1.27	1.20	1.73	—	—	14.32	16.47

资料来源：宏源证券、上市公司公告

产规模较大，而行业内旅行社大部分属于轻资产类型的企业，所以比较高的总资产水平拉低了公司的资金周转效率。

从不同年份的数据比较来看，除国旅联合由于公司本身的经营问题周转效率依然比较低外，中青旅和中国国旅的各项周转指标都有一定程度的提高，公司的资金使用效率更高，企业盈利能力逐渐提升。国旅联合经营效果不佳的局面依旧没有改善，营运能力指标依旧比较低。首旅股份的存货周转率和应收账款周转率都很高，主要原因是企业的应收账款和存货占总资产的比率很低，因而导致了这两项比率数值很高。

加入国外综合旅游类上市公司后，总资产周转率、流动资产周转率以及应收账款周转率均出现下滑，由于国外综合旅游类企业存货项目少，所以在此没有计算存货周转率，所以该指标的比较在此不做考虑。国外综合旅游类上市公司的营运能力各项指标平均水平明显低于国内，这主要是因为以 Expedia、Tripadvisor、Priceline 为代表的国外综合类上市企业的平均资产和平均应收账款都比较高。

3. 国内上市的综合旅游类企业资产负债率较低、流动比率较高

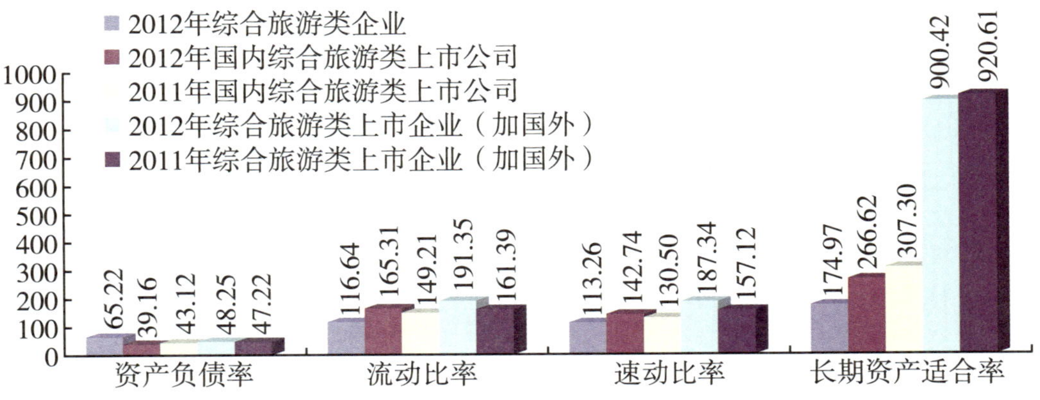

图 11　综合旅游类上市企业偿债能力

资料来源：宏源证券、国家旅游局、上市公司公告

表 33　国内上市的综合旅游类企业偿债能力

单位：%

	资产负债率		流动比率		速动比率		长期资产适合率	
年　份	2012	2011	2012	2011	2012	2011	2012	2011
总体	39.16	43.12	165.31	149.21	142.74	130.50	266.62	307.30
中青旅	43.90	50.81	114.32	115.13	86.82	78.55	169.11	286.11
中国国旅	30.64	33.08	245.50	222.31	209.48	187.06	863.65	692.93
国旅联合	61.12	51.07	141.00	117.91	139.00	115.39	154.54	158.61
首旅股份	45.21	44.37	105.64	96.98	102.67	93.07	155.55	145.06

资料来源：宏源证券、上市公司公告

表 34　国外上市的综合旅游类企业偿债能力

单位：%

	资产负债率		流动比率		速动比率		长期资产适合率	
年　份	2012	2011	2012	2011	2012	2011	2012	2011
总体	48.25	47.22	191.35	161.39	187.34	157.12	900.42	920.61
携程	43.57	26.80	195.47	249.16	148.83	217.52	302.97	361.65
艺龙	17.56	9.26	507.44	1010.55	472.47	954.75	1781.54	3358.27
Expedia	66.28	64.56	87.67	89.08	80.46	65.69	647.55	648.25
Tripadvisor	44.04	64.88	323.29	213.45	302.55	203.65	771.45	2029.96
Priceline	38.24	31.97	388.74	277.34	379.74	264.25	5481.27	4136.17

资料来源：宏源证券、上市公司公告

从企业偿债能力指标来看，综合旅游类上市企业的特点类似于旅游行业的总体特点：资产负债率水平较低，在流动比率、速动比率以及长期资产适合率方面都高于综合旅游类企业平均水平。从四家综合旅游类上市企业的具体情况来看，中国国旅的短期和长期偿债能力在各企业中都最好，其中流动比率、速动比率和长期资产适合率都远高于行业平均水平，由于中国国旅的资产总额占总市场份额的比重超过60%，所以拉高了行业的总体水平，并且资产负债率低于行业水平。另外值得注意的是中青旅和首旅股份的流动比率、速动比率、长期资产适合率均低于综合旅游类上市企业的平均水平，有的甚至低于全国综合旅游类企业的平均水平，但仍都处于比较良好的状态。

对比2011年的数据，上市企业的短期偿债能力都有小幅上升，资产负债率状况改善，长期资产适合率下滑，长期偿债能力有所下滑。其中长期偿债能力的下滑，主要是由中青旅的长期偿债能力下降所引起的。另外首旅股份在2011年调整长短期负债份额的基础之上，进一步改善了长短期偿债能力，流动比率、速动比率、长期资产适合率均有所改善。

加入国外综合旅游类企业后，2012年综合旅游类总体资产负债率变化不大，流动比率、速动比率、长期资产适合率则明显提高，但是相比2011年的情况，总体提高的幅度变小。对比艺龙和Expedia两家公司，艺龙的资产负债率比较低，而Expedia则比较高，导致二者长短期偿债能力差异比较明显。艺龙公司的长短期偿债能力都远远高于总体平均水平，而Expedia的偿债能力则大幅度落后于总体平均水平。

4. 多业态发展推动上市综合旅游类企业高增长

从增长能力来看，国内上市的综合旅游类企业的销售增长率明显高于全国综合旅游类企业的平均水平，但是资本积累率和总资产增长率却低于后者。对比2011年的情况，虽然销售增长率由于基数效应出现下滑，但是依然处于比较高的水平。结合具体的上市企业来看，中青旅和中国国旅的销售增长率相比旅游行业的其他上市企业来说也处于较高的水平。中青

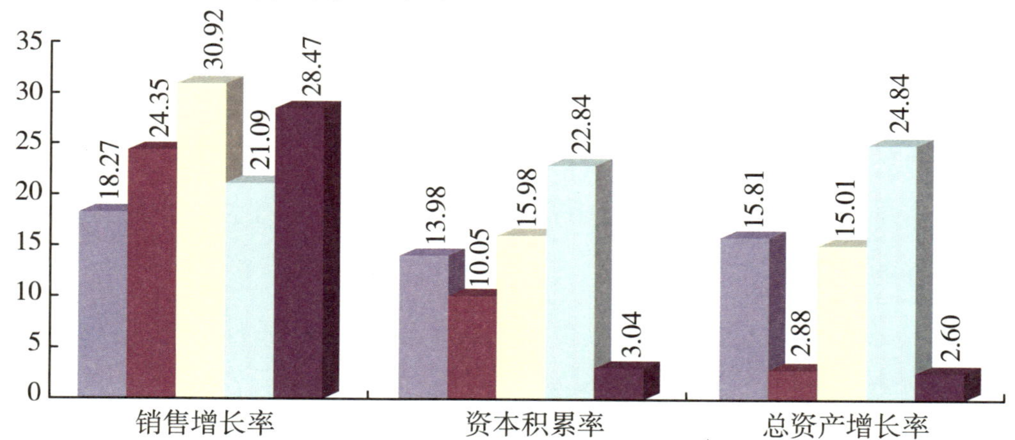

图 12　综合旅游类上市企业增长能力

资料来源：宏源证券、国家旅游局、上市公司公告

表 35　国内上市的综合旅游类企业增长能力

单位：%

	销售增长率		资本积累率		总资产增长率	
年　份	2012	2011	2012	2011	2012	2011
总体	24.35	30.92	10.05	15.98	2.88	15.01
中青旅	22.07	38.42	12.31	9.59	–8.85	12.30
中国国旅	27.09	32.13	19.67	14.02	16.03	18.70
国旅联合	–0.09	–19.70	–11.01	–10.77	5.01	10.40
首旅股份	19.70	10.23	–9.40	–1.21	–4.32	15.50

资料来源：宏源证券、上市公司公告

表 36　国外上市的综合旅游类企业增长能力

单位：%

	销售增长率		资本积累率		总资产增长率	
年　份	2012	2011	2012	2011	2012	2011
总体	21.09	28.47	22.84	3.04	24.84	2.60
携程	18.33	21.51	–7.84	15.43	19.55	20.27
艺龙	27.55	22.07	1.54	83.22	11.76	74.18
Expedia	16.86	13.69	3.65	–15.77	8.91	–2.28
Tripadvisor	31.26	35.89	147.66	–45.60	55.43	15.63
Priceline	20.79	41.19	51.38	115.97	65.46	36.64

资料来源：宏源证券、上市公司公告

旅在2011年的销售增长率是38.42%，2012年下滑到22.07%，中国国旅在2011年的销售增长率是32.13%，2012年是27.09%，均出现了下滑，很大程度上是由于基数效应的影响。

总体资本积累率的下滑系国旅联合和首旅股份资本积累率大幅下降所致，而行业总体总资产增长率下滑的原因在于各公司总资产增长率均出现下滑。通过之前子行业的分析可以看到，总资产增长率往往和销售增长率有着负相关关系，较高的销售增长率往往对应较低的总资产增长率，而较低的销售增长率则对应着较高的总资产增长率。可见公司的战略往往可以通过这两项指标直观地反映出来：如果公司注重拓展市场、增加业务，总资产增长得比较快，但销售的增长率可能会受到影响；而如果公司采取相对稳健的经营策略，则销售增长率会保持比较高的水平，但总资产的增长速度可能要慢一些。具体来看，中青旅、中国国旅、国旅联合、首旅股份的总资产积累率均出现下滑。

国旅联合的销售增长率出现一定程度的回升，是由于持股的颐尚重庆公司出现了大额亏损而导致销售增长率在2011年出现大幅下滑，2012年销售增长率的回升是向常态回归；另外公司在2012年进行了战略性调整，对资产进行了优化重组，也是销售增长率回升的原因。相比而言，首旅股份在2012年的销售增长率提高明显，但总资产增长率却较慢，说明公司的战略还是比较稳健，侧重提升已有业务的盈利能力。

加入国外综合旅游类上市企业后，近两年全部综合旅游类的增长能力平均指标除了2012年的资本积累率和总资产增长率外，均出现了下滑。2012年总体资本积累率和总资产增长率平均水平的上升和Expedia、Tripadvisor两指标的大幅提升有关。

5. 国内综合旅游类上市企业经营毛利率显著高于全国均值

表37　2012年综合旅游类上市旅游企业业务占比

单位：%

		入境旅游收入占比	国内旅游收入占比	出境旅游收入占比
总　　体		8.78	61.71	29.51
2012	中青旅	14.16	29.00	57.09
	中国国旅	6.63	21.14	32.29
2011	中青旅	16.29	31.17	52.53
	中国国旅	7.59	23.48	30.62

资料来源：宏源证券、上市公司公告

表38　2012年综合旅游类上市旅游企业业务毛利率

单位：%

		自联入境旅游收入毛利率	国内旅游收入毛利率	出境旅游收入毛利率
总　体		7.53	7.74	6.41
2012	中青旅	11.14	7.49	7.43
	中国国旅	16.27	4.60	7.34
2011	中青旅	10.85	7.55	7.52
	中国国旅	12.56	5.81	6.89

资料来源：宏源证券、上市公司公告

对比中青旅和中国国旅这两家以旅行社业务为主业的上市企业财务数据可以看出，全国旅行社业务收入主要集中在国内游，而上市旅行社业务中出境旅游的占比更高。从毛利率的水平来看，中青旅和中国国旅的各类旅游业务的毛利率水平均高于全国企业的平均水平。入境旅游的毛利率水平是最高的，但从表37中可以看到，入境游业务无论是在两家上市公司中还是在全国旅行社总体中占比都是最低的。

另外，我们认为中青旅和中国国旅远高于同类企业的盈利能力，不仅仅是因为两家企业在出入境旅游和国内旅游业务方面有高毛利率所带来的，两家企业其他的业务，如中青旅的乌镇项目和中国国旅的免税业务，对公司整体的盈利水平贡献是非常大的。从表38旅行社业务的毛利率统计中可以看到，传统的旅行社业务盈利能力非常有限，导致这些上市企业盈利水平远低于景区类上市企业的盈利能力。

（五）其他类上市企业

在旅游行业，还有一些主营业务种类不同于上述传统业务的上市公司。具体来看，世纪游轮的业务主要由邮轮运营业务和旅行社业务组成，两种业务收入的占比分别为 56% 和 44%，由于邮轮业务 30.07% 的毛利率远高于旅行社 7.97% 的毛利率，所以公司未来的发展战略着重在中高端的邮轮旅游上。华侨城的主营业务收入中旅游业务占到了 46.39%，公司的北京欢乐谷项目是旅游行业中较有发展潜力的主题公园类项目，而且公司计划增资文化演艺。腾邦国际的主营业务是机票代售和酒店代理，区别于旅游行业传统的子行业，随着在线旅游业务的发展，公司的业务收入有望进一步提升。九龙山将大部分资产投资于九龙山旅游度假区，度假区高尔夫、游艇、马会、赛车赛马等俱乐部已建成并稳健运营。公司在 2012 年的收入结构中包含房地产收入、旅游饮食服务、建筑业及其劳务，房地产收入占到了 89.1%。云南旅游 2012 年公司盈利模式和产品结构、收入结构得到了较大调整、优化和改善，旅游地产收入占比由 2011 年的 42.67% 下降到 38.96%，公司主营业务收入主要来自旅游服务收入，占比达 61.04%，全面实现了公司收入结构调整目标。公司未来的发展方向将以品牌连锁酒店、旅行社、商业地产开发租赁和旅游景区度假开发为主，公司有望转变为综合旅游类企业。

1. 盈利能力

在 2012 年，其他类上市企业总体的盈利能力较上年略有下降。由于其他类上市企业的主营业务差别较大，所以各公司不同年度呈现出的业务结构特点存在较大的差异。华侨城的盈利能力各项指标均处于行业领先，并处于稳定状态，得益于华侨城旅游综合服务业务、房地产业务、包装印刷业务的稳定发展。世纪游轮盈利能力出现下滑系占公司主营业务收入最大比重的邮轮运营业务的毛利率下滑4.69%所致。九龙山盈利能力各项指标出现大幅下滑，是由于其主营业务中房地产业、旅游饮食服务业、建筑业及其劳务的营收能力均出现大幅下滑。云南旅游的净资产收益率和总资产收益率有所提高，是由于公司在综合类旅游企业发展目标指引下，旅游景区、旅游地产、旅行社、会议餐饮和物业服务实现营业收入增幅均超过15%。

表39　其他类上市旅游企业盈利能力

单位：%

	净资产收益率		总资产报酬率		销售利润率		成本费用利润率	
年　份	2012	2011	2012	2011	2012	2011	2012	2011
总体	15.18	15.46	5.07	5.09	21.94	23.89	34.03	37.26
华侨城A	21.26	21.54	8.34	8.30	23.83	24.97	38.23	40.12
腾邦国际	6.47	8.79	6.04	8.10	30.11	36.61	47.11	62.87
云南旅游	4.20	2.98	4.23	3.49	10.14	15.45	12.28	20.39
世纪游轮	7.27	11.79	7.51	10.73	12.57	14.57	14.51	17.54
九龙山	–10.86	4.20	–6.21	2.86	–129.99	23.19	–104.41	31.15
西安旅游	3.54	6.48	3.88	4.45	3.73	4.01	4.04	4.40

资料来源：宏源证券、上市公司公告

2. 营运能力

其他类上市企业的资金周转效率在2012年有所回升。具体来看，除了九龙山之外，各公司的营运能力指标均处于稳定状态或者有所回升，而九龙山总资产、流动资产、存货以及应收账款周转率下滑下，最直接的原因就是公司营收能力的大幅下滑，营业收入与2011年相比下滑66.36%。云南旅游的总资产周转率、流动资产周转率、存货周转率均出现上升，与营业收入的大幅上升有关。

表40　其他类上市旅游企业营运能力

单位：%

	总资产周转率		流动资产周转率		存　货周转率		应收账款周转率	
年　份	2012	2011	2012	2011	2012	2011	2012	2011
总体	0.31	0.28	0.50	0.44	0.33	0.28	21.34	25.83
华侨城A	0.33	0.31	0.52	0.50	0.32	0.32	70.22	77.49
腾邦国际	0.22	0.23	0.35	0.39	0.00	0.39	2.62	3.38
云南旅游	0.42	0.23	0.62	0.35	0.66	0.28	57.75	206.79
世纪游轮	0.59	0.74	1.35	1.75	26.93	35.12	23.28	33.31
九龙山	0.05	0.14	0.12	0.28	0.09	0.27	187.37	494.51
西安旅游	1.32	0.95	5.29	2.30	17.53	2.50	36.60	38.70

资料来源：宏源证券、上市公司公告

3. 偿债能力

2012年，其他类上市企业的资产负债率变化不大，短期偿债能力指标小幅下降。腾邦国际和世纪游轮由于完成首次公开募股（IPO），所有者权益大幅上升，因而资产负债率处于比较低的水平。世纪游轮和腾邦国际的流动比率、速动比率、长期资产适合率远远高于总体平均水平，表明其短期偿债能力远高于总体水平。短期偿债能力高的原因在于两公司的负债水平比较低，而长期资产适合率比较高，则是因为两公司完成 IPO 后所有者权益在总资本中所占的比重比较高。与 2011 年相比，两公司的短期偿债能力出现下降，其中世纪游轮是因为公司打造世纪神话号、世纪传奇号两艘游轮支出及投资成立子公司重庆御辉地产开发有限公司导致货币资金下降 29.09%。腾邦国际是由于采购量增加、期末未到结算期而未支付的票款增加、公司规模扩大、员工及管理人员薪酬社保增长等而导致流动负债的增加。

表 41　其他类上市旅游企业偿债能力

单位：%

	资产负债率		流动比率		速动比率		长期资产适合率	
年　份	2012	2011	2012	2011	2012	2011	2012	2011
总体	66.62	67.06	144.52	163.95	140.76	157.63	310.38	312.29
华侨城 A	69.95	71.17	144.00	162.31	34.73	34.05	301.76	305.11
腾邦国际	12.91	9.60	531.48	699.31	531.48	699.31	669.67	599.06
云南旅游	27.44	22.75	269.41	314.79	109.90	86.06	338.33	319.42
世纪游轮	2.47	2.85	1340.83	1911.11	1268.84	1851.71	328.69	285.53
九龙山	43.07	36.94	75.00	111.16	12.00	45.00	761.95	948.71
西安旅游	27.61	34.44	82.67	77.85	80.04	47.43	150.26	111.84

资料来源：宏源证券、上市公司公告

4. 增长能力

表 42　其他类上市旅游企业增长能力

单位：%

	销售增长率		资本积累率		总资产增长率	
年　份	2012	2011	2012	2011	2012	2011
总体	26.51	3.43	16.58	25.24	15.06	27.41
华侨城 A	28.63	0.04	22.28	23.26	16.31	29.30
腾邦国际	42.94	6.29	6.55	200.30	11.69	121.37
云南旅游	35.36	–3.91	2.28	3.02	8.22	–6.52
世纪游轮	12.33	27.19	3.36	301.78	2.96	131.51
九龙山	–66.36	4088.53	–10.30	2.46	–1.56	2.84
西安旅游	9.87	30.66	3.60	5.64	–5.88	–31.48

资料来源：宏源证券、上市公司公告

2012 年，其他类上市企业的销售增长率有大幅上升，总资产增长率和资本积累率则下降明显。九龙山增长能力各项指标下滑最为明显，主要因为其在 2011 年剥离了传统业务，同时大量出售房地产，因而销售增长率在 2011 年达到了 4088.53%，在基数效应的作用下难以维持增长率。世纪游轮和腾邦国际的资本积累率和总资产增长率下滑也比较多，是由于两公司在 2011 年完成 IPO，当年资本积累率和总资产增长率增加明显，基数效应下难以维持高增长率。但是腾邦国际的销售增长率上升幅度比较大，是由于 2012 年公司继续积极推动战略转型，在原有机票代理业务优势之上，走产品多元化模式。报告期内，公司实现营业收入 25837.81 万元，比上年同期增长42.94%。其中，机票代理收入增长31.54%，旅游收入增长818.84%。华侨城A销售增长率的上升是由于报告期内公司加强旅游综合业务统筹运作，促使旅游综合业务比上年增加65.16%。西安旅游的销售增长率下滑，系房地产收入较上年同期减少28493.66万元，减幅66.36%。云南旅游销售增长率大幅上升，主要是由于丽江国旅纳入合并范围，对报表数据进行了调整。

三、总体分析与结论

从上市企业的构成来看，我国旅游上市企业多为国有性质的景区类大型企业，但目前其经营业态较为单一，主要以门票、索道客运为主要收入来源，虽盈利能力较强，但近年来受发改委出台限制票价等政策影响，单纯依赖门票、索道收入的增长方式长期来看或将面临瓶颈。同时，按照有关规定，待上市公司资产不可包括景区门票，待上市的景区也只能通过索道、酒店、餐饮等其他娱乐性消费增加公司利润，以达到上市标准。借鉴国外经验，我们认为迪士尼作为旅游企业中业态多元化的成功典范，其主营业务之一的媒体网络营业收入已经超过了主题公园的营业收入，占到总营业收入的45.97%，另外还开拓了影视娱乐、消费者商品等衍生性盈利渠道。因此，改变单一门票经济模式、进一步丰富经营业态、提振景区人均消费、发展衍生性业务类型，将成为提高景区企业竞争力、实现健康可持续发展的重要途径。

5家已上市的旅游饭店类企业近年来经营较为稳健。旅游饭店类企业资本支出较大，资本市场开放的融资平台将助力其快速扩容。而洲际酒店则是轻资产运营模式的典范，2012年洲际酒店所拥有的酒店数量是10家，但是通过签订协议代为管理运营的酒店高达 4592 家，净利润 54.5 亿美元，同比增速为 18.48%，净资产收益率高达 171.92%，洲际酒店的成功模式值得国内旅游饭店类企业借鉴。

综合旅游类企业数量多、规模小、集中度较低，其中上市综合旅游类企业仅有 4 家，其盈利能力显著高于同行水平，一方面是由于其经营的规模效应，另一方面也与其借助资本市场融资平台，积极参与景区开发、特许商品销售等多领域业态有关。综合旅游类企业高盈利的共同特点是开发了高回报率的业态类型：国内上市的综合旅游类企业中青旅开发乌镇以及古北水镇，中国国旅发展三亚免税业务；国外上市的综合旅游类企业 Tripadvisor 、Priceline 发展在线旅游业务，其净资产收益率、销售利润率均远高于国内线下旅游企业。Tripadvisor 的主要收入来源是在线广告收入，Priceline 营业收入的主要增长来源是代理预订业务，它们业务的共同特点是利用其积累的在线旅游客户，开发低成本的产品类型。预计在线旅游模式在国内将会有广阔的发展前景。

从跨年度上市企业的指标变化来看，上市企业的盈利能力在 2012 年总体变化不大，但轻资产类或者重组的上市公司盈利能力提升明显。周转率方面，上市公司的资金利用效率也明显提升，为上市企业盈利能力的提升提供了保障。偿债能力方面，上市企业的短期偿债能力有小幅下降，主要原因是上市企业流动负债的增速较快。增长能力方面，上市企业的销售增长率有所上升，但资本积累率和总资产增长率都有明显下降，一定程度上表明上市企业在经营过程中主动避免盲目扩张。

总体来看，上市旅游企业的盈利能力、营运能力、偿债能力及经营数据都显示出了优于全国均值的表现，主要得益于如下几方面：1. 部分上市企业拥有不可复制的一流景区资源或其他特许经营权；2. 部分上市企业有足够的实力进行多业态经营，并及时进行战略调整；3. 上市公司多为大型企业，在运营成本上拥有较强的市场溢价能力；4. 各级政府高度重视旅游业发展，从项目、税收等方面为旅游行业创造了良好的发展机遇；5. 资本市场融资平台开放，为上市企业的做强做大扫清资金障碍。

加快国内旅游企业上市步伐将对提升行业整体盈利能力、规范行业服务质量有着非常积极的推动作用。对于经营传统旅游业务的非上市大型企业，应在进一步增强主营业务盈利能力的同时，丰富经营业态、打破经营瓶颈、加强公司内部治理、加快对外合作步伐，提高酒店、景区等优质而沉淀资产的流动性，尽早地接轨资本市场。对于刚刚起步的新业态公司，应多方论证探讨其商业模式在国内经济现状下的可行性，在资金、税收、市场准入等方面给予积极的支持。为推动国内旅游企业的发展，还需要充分研究并借鉴国外上市优质企业的经营管理模式，用好旅游法、国民旅游休闲纲要等重大法规政策出台给旅游产业发展带来的巨大政策红利，充分挖掘旅游市场的增长潜力，真正将旅游业培育成国民经济的战略性支柱产业和人民群众更加满意的现代服务业。

统计分析

2012年度中国旅游企业财务信息报告

中国社会科学院财经战略研究院
国家旅游局规划财务司

2013年8月

反映2012年度全国旅游企业财务状况、经营成果的经济效益评价结果公布如下：

一、旅游企业基本概况

（一）旅游业态

在2012年度全国旅游行业财务信息汇编工作中，成功上报财务信息的旅游企业一共有27633家。其中，旅行社16869家，占61.0%；旅游饭店8407家，占30.4%；旅游景区1964家，占7.1%；旅游集团68家，占0.2%，其他旅游企业325家，占1.2%。（见图1）

2012年各个业态中旅游企业的详细情况如下：

——旅游饭店中，五星级饭店563家，占6.7%；四星级饭店1873家，占22.3%；三星级饭店3692家，占43.9%；二星级饭店1589家，占18.9%；一星级饭店71家，占0.8%；未定星级饭店619家，占7.4%。

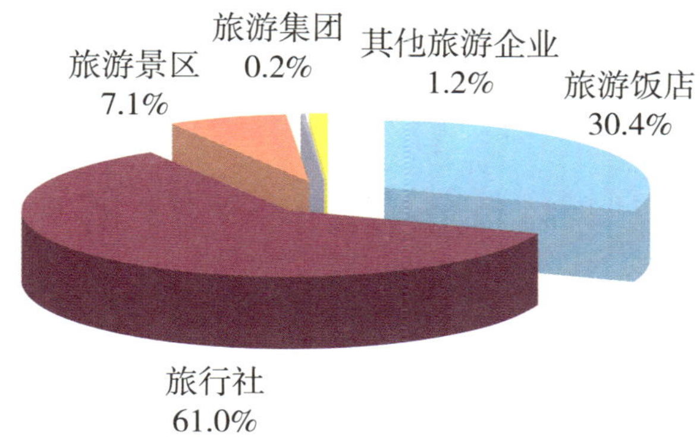

图 1　按旅游业态分 2012 年全国旅游企业

——旅行社中，经营出境游旅行社 1655 家，占 9.67%；经营非出境游旅行社 15214 家，占 90.2%。

——旅游景区中，5A 级旅游景区 75 家，占 3.8%；4A 级旅游景区 758 家，占 38.6%；3A 级旅游景区 583 家，占 29.7%；2A 级旅游景区 248 家，占 12.6%；1A 级旅游景区 25 家，占 1.3%；非 A 级旅游景区 275 家，占 14.0%。

（二）经济类型

按经济类型划分，2012 年国有及国有控股企业 4906 家，占 17.8%；集体企业 1725 家，占 6.2%；联营企业 426 家，占 1.5%；私营企业 19977 家，占 72.3%；外商投资企业 299 家，占 1.1%；港澳台合资企业 300 家，占 1.1%。

相比 2011 年，国有企业和集体企业所占比例下降，私营企业增长迅速，旅游业的民营化程度提高。其中国有及国有控股企业数量有所下降，减少 138 家，所占比例也下降 0.8%，集体企业数量减少 30 家，私营企业

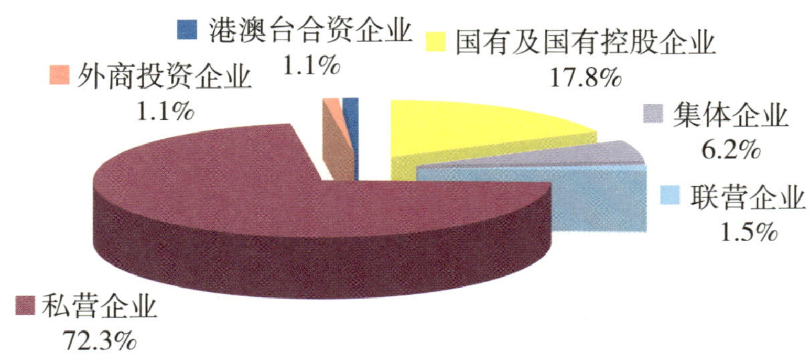

图 2　按经济类型分 2012 年全国旅游企业

增加了 725 家，所占比例增长了 1.31%。外商投资企业和港澳台合资企业数量保持在相对稳定的状态。

（三）企业规模

按企业规模分，2012 年全国旅游企业中，大型企业 410 家，占 1.5%；中型企业 3851 家，占 13.9%；小型企业 17889 家，占 64.7%；规模不明企业 5483 家，占 19.8%。

旅游产业以小型企业为主体的产业市场结构特征依然明显，旅游企业

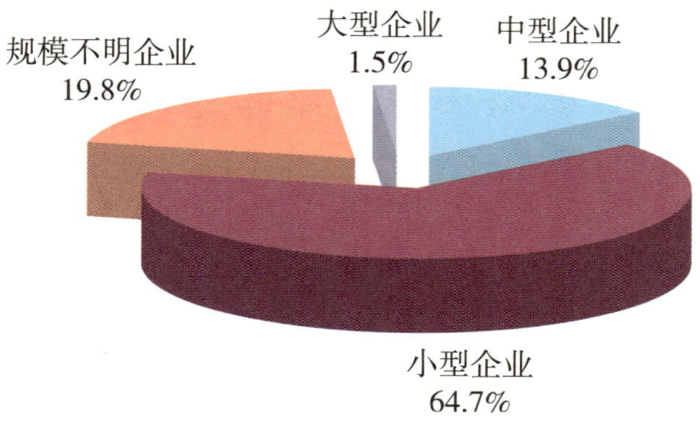

图 3　按企业规模分 2012 年全国旅游企业

市场竞争程度日益提高。首先是旅游业进入门槛低所致；其次是近年来中国旅游业民营化进程加快，越来越多的私营资本参与到旅游行业中来的结果；最后是旅游需求的分散性和多样性，使得市场上需要有众多的专业性、小型化的旅游企业来满足这一市场需求，进而形成这一市场结构。

（四）地域分布

按各省市、自治区、直辖市有效上报旅游企业数量排名，2012 年前十位的依次是浙江 2415 家（8.7%），江苏 2278 家（8.2%），上海 1558 家（5.6%），山东 1458 家（5.3%），湖北 1425 家（5.2%），广东 1382 家（5.0%），河南 1295 家（4.7%），福建 1093 家（3.9%），湖南 1039 家（3.8%），云南 1020 家（3.7%）。从企业的数量来看，相比 2011 年，在区域分布上基本保持不变，东部地区位居前列。

在实收资本净额区域分布方面，相比 2011 年，旅游企业资本主要集

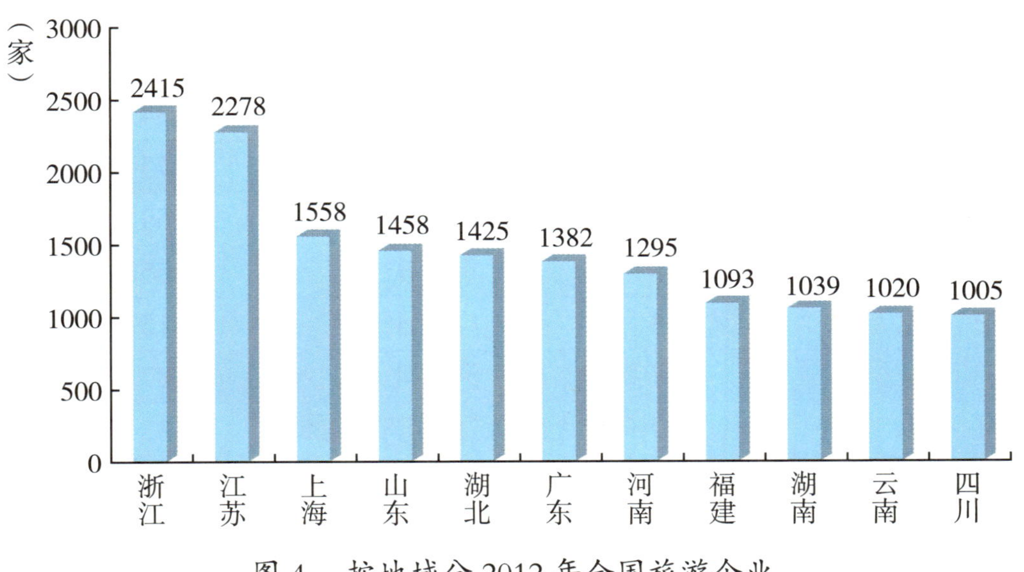

图 4　按地域分 2012 年全国旅游企业

中在北京、上海等东部沿海地区。旅游企业资本前十位的省份没有变化，只是相互之间的位次发生了变化。详细数据如表 1 所示。

表 1　旅游企业实收资本净额区域分布对比表

单位：%

区　域	旅游企业实收资本净额占全国实收资本净额比例（2012 年）	区　域	旅游企业实收资本净额占全国实收资本净额比例（2011 年）
广　东	10.53	北　京	10.64
江　苏	10.49	广　东	9.92
上　海	9.15	江　苏	9.33
浙　江	8.22	上　海	8.65
北　京	7.61	浙　江	7.87
山　东	4.80	山　东	4.96
福　建	4.47	福　建	4.32
云　南	3.87	四　川	4.08
四　川	3.87	湖　南	3.69
湖　北	3.60	云　南	3.55
湖　南	3.52	湖　北	3.34
陕　西	2.92	陕　西	2.73
重　庆	2.65	河　南	2.69
河　南	2.55	重　庆	2.55
安　徽	2.13	广　西	2.15
广　西	2.07	河　北	1.87
海　南	1.99	辽　宁	1.82
内蒙古	1.88	安　徽	1.74
山　西	1.64	内蒙古	1.74

续表

区　域	旅游企业实收资本净额占全国实收资本净额比例（2012 年）	区　域	旅游企业实收资本净额占全国实收资本净额比例（2011 年）
河　北	1.60	山　西	1.58
江　西	1.53	天　津	1.46
天　津	1.40	江　西	1.44
辽　宁	1.33	海　南	1.39
吉　林	1.25	黑龙江	1.38
新　疆	1.20	新　疆	1.32
黑龙江	1.06	吉　林	1.28
甘　肃	1.00	甘　肃	0.77
贵　州	0.66	贵　州	0.75
宁　夏	0.49	青　海	0.49
青　海	0.49	宁　夏	0.43
西　藏	0.03	西　藏	0.08

二、旅游企业资本结构情况

旅游市场结构方面，2012 年旅游产业的市场集中度较低，且相比 2011 年有较明显的下降。旅游企业市场集中度不高，暴露出中国旅游业规模竞争力不强的现实问题，影响到旅游企业竞争力和盈利能力的提升。这是中国旅游业本身的行业性质所致，也是旅游市场化改革发展的结果。

资本结构方面，尽管 2012 年国有资本和法人资本仍然占据首位，但是相比 2011 年有所下降，而个人资本所占比重明显上升，特别是在旅行社行业中，个人资本所占比例较高，且西藏、山西 、内蒙古等地的个人资本在旅游业中所占比例上升加快，占据较大比重。各类社会资本在旅游业发展中的作用日益凸显，多元主体参与旅游投资的格局日渐明显。

当前旅游业中，民营投资的比重和地位的上升，源于近年来政府对于旅游业的进一步开放和市场改革，未来这一特征将更为明显。特别是 2012 年 6 月国家旅游局下发了《关于鼓励和引导民间资本投资旅游业的实施意见》，从 5 大方面 28 条具体措施鼓励民间资本投资旅游业，进一步发挥民间资本的重要作用，包括鼓励民资自由进入和自由竞争，进行市场化运营，民企和国企享有同等待遇，鼓励民间资本投资旅游装备和用品制造业；支持民资参与国企改制，给予民企平等的地位；加大对民间旅游投资的土地保障力度等。

资本规模方面，2012 年旅游企业平均实收资本净额小幅上升，其中旅游景区平均实收资本净额增加明显，旅游景区是各区域旅游业发展和投资的重点和抓手，特别是中西部地区，旅游景区的开发是旅游企业投资的重点和盈利点。

（一）旅游产业集中度

旅游产业集中度是反映旅游企业竞争程度的重要指标。从纳入编报范围的旅游企业看，2012 年全国旅游产业的集中度不高，且下降明显。除了旅游集团之外，旅游产业中的旅行社、旅游饭店和旅游景区的产业集中度均较低，侧面反映了旅游企业竞争加剧的现实问题。

1. 旅游企业市场集中度

2012 年全国旅游企业市场集中度（以前八家旅游企业的营业总收入

所占比例为指标）为 10.64%，包括旅行社、旅游饭店、旅游景区、旅游集团在内的各类旅游企业的市场集中度相比于 2011 年都有所下降，详细数据如表 2 所示。

表 2　旅游产业市场集中度对比表

（以旅游企业营业总收入为衡量指标）

单位：%

年份		2012 年		2011 年	
企业类别	内部构成	CR4	CR8	CR4	CR8
全国旅游企业		7.69	10.64	12.60	16.08
旅游企业	旅行社	6.66	10.21	8.77	12.80
	旅游饭店	2.86	3.83	4.11	5.53
	旅游集团	51.89	64.54	74.27	85.65
	旅游景区	8.01	12.51	9.52	15.27
	其他旅游企业	41.39	58.01	31.57	44.20

注：CR4 代表营业总收入前四家企业所占比例，CR8 代表营业总收入前八家企业所占比例。

2. 旅游企业资产集中度

旅游企业资产集中度是体现旅游企业资产规模集中程度的指标。2012 年全国旅游企业资产集中度（以前八家旅游企业的总资产所占比例为指标）为 12.7%，旅游企业资产集中度仍然不高，且相比于 2011 年呈现下降趋势。各类型的旅游企业的市场集中度也均出现了不同程度的下降，详细数据如表 3 所示。

表 3　旅游企业资产集中度对比表
（以旅游企业总资产为衡量指标）

单位：%

年份		2012 年		2011 年	
企业类别	内部构成	CR4	CR8	CR4	CR8
全国旅游企业		9.96	12.66	14.45	17.86
旅游企业	旅行社	19.07	24.32	20.31	26.83
	旅游饭店	2.00	3.45	3.60	5.88
	旅游集团	54.41	68.64	64.19	77.34
	旅游景区	7.94	12.98	13.03	21.02
	其他旅游企业	32.05	48.64	21.24	31.98

注：CR4 代表企业总资产前四家旅游企业所占比例，CR8 代表企业总资产规模前八家旅游企业所占比例。

（二）旅游企业资本构成

从纳入编报范围的旅游企业资本构成来看，2012 年全国旅游企业资本主要以法人资本和国家资本为主，其所占的比例分别为 46% 和 22%。与 2011 年相比，旅游企业的资本构成基本保持不变，但是国家资本有小幅下降，个人资本有小幅上升。详细数据如图 5、表 4 和表 5 所示。

旅游业态方面，2012 年不同业态的旅游企业内部的资本构成也呈现出一些不同的特征：

——旅游集团仍然以国家资本为主，国家资本所占比例为 43%。对于旅游集团来说，国家资本是其核心的控股资本。

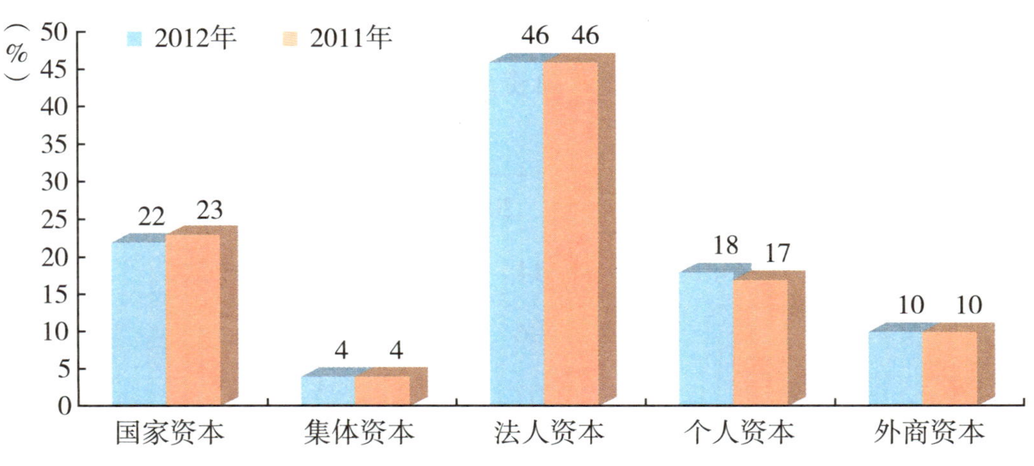

图 5　2011 ~ 2012 年全国旅游企业资本结构

——旅游饭店、旅游景区内部资本结构大致以法人资本为主，在这两个业态企业中，法人资本所占比例分别为 45%、51%。在各个业态之中，外商资本仍然在旅游饭店中所占比例最高，2012 年平均为 13%。

——旅行社主要以法人资本和个人资本为主，个人资本在旅行社内占据了较高的比例，达 41%。

在区域分布方面，2012 年各地旅游企业内部的资本结构也呈现出一些分布特征：

——各地区旅游企业资本构成大致以国家资本和法人资本为主。

——相对来说，西部和中部地区的旅游企业内部国家资本所占比例较高，比如西藏、宁夏、山东等地旅游企业的国家资本所占比例均位居资本类型中的前列。此外，海南、山东等地 2012 年国家资本所占比例上升也较快，分别为 38% 和 43%。

——对于外商资本来说，福建、广东、广西等沿海地区外商资本所占比例最高，特别是福建的外商资本 2012 年达到 20%，但总体看，各地区

表 4　2012 年旅游企业资本构成比例

单位：%

企业类别	内部构成	国家资本	集体资本	法人资本	个人资本	外商资本
旅游企业	旅游饭店	20	3	45	18	13
	旅行社	8	3	47	41	2
	旅游景区	21	7	51	14	8
	旅游集团	43	0	39	17	0
	其他旅游企业	41	5	32	12	11
旅游饭店	五星级饭店	15	2	51	9	23
	四星级饭店	22	3	48	18	9
	三星级饭店	23	6	41	27	4
	二星级饭店	24	7	30	36	3
	一星级饭店	39	4	35	22	0
	未评星级饭店	23	1	31	23	22
旅行社	经营出境游旅行社	11	1	59	28	1
	经营非出境游旅行社	5	4	36	52	2
旅游景区	5A 级景区	16	4	62	10	8
	4A 级景区	23	7	52	13	6
	3A 级景区	23	8	43	17	8
	2A 级景区	17	14	47	22	0
	1A 级景区	15	0	64	20	0
	非 A 级景区	19	7	43	14	18

表 5　2012 年各地旅游企业资本构成比例（按区域）

单位：%

区　域	国家资本	集体资本	法人资本	个人资本	外商资本
北　京	17	3	61	4	15
天　津	21	4	59	10	6
河　北	29	4	36	27	5
山　西	24	8	30	36	2
内蒙古	8	4	48	35	4
辽　宁	14	1	49	23	13
吉　林	31	1	36	16	16
黑龙江	29	2	49	12	8
上　海	15	2	61	7	15
江　苏	28	7	41	16	8
浙　江	17	5	52	20	6
安　徽	17	4	46	32	1
福　建	9	2	42	27	20
江　西	33	4	31	28	3
山　东	43	6	36	9	6
河　南	36	7	39	16	2
湖　北	15	8	50	20	6
湖　南	16	4	50	26	3
广　东	14	4	42	24	17
广　西	27	2	36	17	19
海　南	38	1	29	19	12
重　庆	34	2	33	22	9
四　川	31	2	38	20	8
贵　州	18	5	36	35	6

续表

区　域	国家资本	集体资本	法人资本	个人资本	外商资本
云　南	20	6	51	20	2
陕　西	28	2	40	16	13
甘　肃	25	3	47	24	1
青　海	32	1	44	23	0
宁　夏	38	1	32	23	6
新　疆	28	4	57	11	0
西　藏	56	0	0	44	0

外商资本所占比例都有所下降。

——对于个人资本来说，西藏、山西 、内蒙古等地的个人资本所占比例较高，均超过 30%。特别是西藏地区 2012 年个人资本增长迅速，所占比例达到 44%。

（三）旅游企业实收资本净额

从纳入编报范围的旅游企业来看，2012 年全国旅游企业实收资本净额规模相对不大，平均为 1005.42 万元，但相比 2011 年中国旅游企业平均实收资本净额有所增长（2011 年旅游企业平均实收资本净额为 972.85 万元）。

具体从业态细分上看，2012 年旅游集团平均实收资本净额有所下降（2011 年为 41437.42 万元），旅游景区平均实收资本净额有所增加（2011 年为 2998.26 万元），旅游饭店和旅行社的平均实收资本净额基本保持不变。详细数据如表 6 所示。

表 6　全国旅游企业实收资本净额对比表

单位：万元

企业类别		企业平均实收资本净额（2012）	企业平均实收资本净额（2011）
全国旅游企业		1005.42	972.85
旅游企业	旅游饭店	1958.54	1928.84
	旅行社	105.74	104.16
	旅游景区	3274.17	2998.26
	旅游集团	33130.01	41437.42
	其他旅游企业	2616.26	2209.81
旅游饭店	五星级饭店	8806.71	9431.25
	四星级饭店	3223.06	3167.24
	三星级饭店	985.58	1026.81
	二星级饭店	391.75	338.17
	一星级饭店	251.72	201.82
	未评星级饭店	1924.60	1876.47
旅行社	经营出境游旅行社	493.31	509.68
	经营非出境游旅行社	63.58	60.76
旅游景区	5A 级景区	12845.38	11397.20
	4A 级景区	4450.20	4214.90
	3A 级景区	1856.51	1356.24
	2A 级景区	1371.55	922.86
	1A 级景区	634.58	878.61
	非 A 级景区	2383.48	3075.99

从旅游企业实收资本净额所占比例来看，相比 2011 年变化不大。旅游企业吸纳的投资资本主要分布在旅游饭店中，其占据绝对比例（2012 年为 59.26%），其次是旅游景区（2012 年为 23.15%）。详细数据如表 7 所示。

表 7　全国旅游企业实收资本净额所占比例对比表

单位：%

企业类别	内部构成	旅游企业实收资本净额占全国实收资本净额比例（2012 年）	旅游企业实收资本净额占全国实收资本净额比例（2011 年）
旅游企业	旅游饭店	59.26	62.12
	旅行社	6.42	6.45
	旅游景区	23.15	20.08
	旅游集团	8.11	7.38
	其他旅游企业	3.06	3.97
旅游饭店	五星级饭店	17.85	19.52
	四星级饭店	21.73	21.36
	三星级饭店	13.10	14.53
	二星级饭店	2.24	2.23
	一星级饭店	0.06	0.06
	未评星级饭店	4.29	4.42
旅行社	经营出境游旅行社	2.94	3.05
	经营非出境游旅行社	3.48	3.40
旅游景区	5A 级景区	3.47	2.72
	4A 级景区	12.14	10.35
	3A 级景区	3.90	2.57
	2A 级景区	1.22	0.80
	1A 级景区	0.06	0.08
	非 A 级景区	2.36	3.57

但是从纵向发展来看，2012 年旅游饭店所占的比例有所下降，而旅

游景区和旅游集团所占的比例有所增长。特别是旅游景区，继 2011 年后再一次持续上升，日益受到各类资本的青睐，旅游投资更多地集中在景区的打造和运营中。旅游景区仍然是中国旅游企业投资和发展的重要业态和抓手。

三、旅游企业基本规模情况

总体上看，2012 年旅游企业规模仍然保持平稳增长趋势，旅游企业总资产规模、固定资产规模、营业收入均有小幅增长。在整个中国旅游市场大发展的背景下，旅游企业仍然保持增长的基本面，在宏观发展形势方面保持了较理想的状态，这得益于 2012 年中国旅游市场继续较快的增长态势。2012 年中国旅游业发展持续向好，共接待国内外游客 31 亿人次，同比增长 11.4%，旅游总收入达 2.59 万亿元，同比增长 14.85%。

（一）旅游企业资产规模

1. 旅游企业总资产

2012 年纳入编报范围的全国旅游企业平均总资产为 3897.09 万元，比 2011 年增加 257.35 万元。总体上，旅游企业的总资产规模呈现增长趋势。

其中，旅游集团的企业平均总资产最大，为 291574.73 万元，远远超过了旅游企业的平均水平；其次是旅游景区，其平均总资产为 12762.96 万元；再次是旅游饭店，其平均总资产为 6148.27 万元。而旅行社的企业总资产规模最小，平均总资产仅为 400.52 万元。

与 2011 年相比，旅游饭店企业总资产规模呈现增长态势，除五星级饭店平均总资产下降之外，各类星级酒店的平均总资产均出现不同程度的增加。

相比之下，旅游景区发展迅速，旅游景区景点企业的平均总资产呈现增长态势，从 2011 年的 10716.51 万元增至 2012 年的 12762.96 万元。

旅行社企业的平均总资产基本保持稳定，其规模相对较小。

详细数据如表 8 所示。

表 8　旅游企业平均总资产对比表

单位：万元

企业类别	内部构成	平均总资产（2011 年）	平均总资产（2012 年）
全国旅游企业		3621.74	3897.09
旅游企业	旅行社	434.66	400.52
	旅游饭店	5805.57	6148.27
	旅游集团	406483.65	291574.73
	旅游景区	10716.51	12762.96
	其他旅游企业	7910.64	13384.29
旅游饭店	五星级饭店	31673.24	30709.88
	四星级饭店	9449.23	9703.25
	三星级饭店	2657.90	2774.67
	二星级饭店	978.19	1111.87
	一星级饭店	527.10	830.93
	未评星级饭店	5719.55	6712.22
旅行社	经营出境游旅行社	2989.68	2607.39
	经营非出境游旅行社	161.24	160.46

续表

企业类别	内部构成	平均总资产（2011 年）	平均总资产（2012 年）
旅游景区	5A 级景区	53282.24	53721.62
	4A 级景区	14381.76	18645.83
	3A 级景区	3704.06	6290.09
	2A 级景区	2921.96	4085.65
	1A 级景区	3248.07	2823.23
	非 A 级景区	12072.31	7828.57

2. 旅游企业固定资产净值

2012 年纳入编报范围的全国旅游企业平均固定资产净值为 1367.32 万元，相比 2011 年呈现小幅增长。

其中，2012 年旅游集团的企业平均固定资产净值最大，为 62102.61 万元，远远超过了旅游企业的平均水平。其次是旅游景区和旅游饭店，其平均固定资产净值分别为 4299.85 万元和 2721.84 万元，旅行社类旅游企业的平均固定资产净值最小，为 45.95 万元。

与 2011 年相比，总体上旅游企业的平均固定资产净值呈现小幅上升，旅游景区和旅游饭店的平均固定资产净值呈现增长趋势，而旅游集团、旅行社的平均固定资产净值出现下降趋势，特别是旅游集团，其平均固定资产净值从 2011 年 92537.33 万元下降至 2012 年的 62102.61 万元。

详细数据如表 9 所示。

表 9 旅游企业平均固定资产净值对比表

单位：万元

企业类别	内部构成	平均固定资产净值（2011 年）	平均固定资产净值（2012 年）
全国旅游企业		1336.04	1367.32
旅游企业	旅行社	51.33	45.95
	旅游饭店	2691.11	2721.84
	旅游集团	92537.33	62102.61
	旅游景区	3970.45	4299.85
	其他旅游企业	2365.32	4484.56
旅游饭店	五星级饭店	15069.55	13810.50
	四星级饭店	4265.26	4134.53
	三星级饭店	1221.53	1227.91
	二星级饭店	459.55	524.23
	一星级饭店	340.76	533.43
	未评星级饭店	2741.94	3164.59
旅行社	经营出境游旅行社	326.19	269.43
	经营非出境游旅行社	21.91	21.64
旅游景区	5A 级景区	22858.37	17770.86
	4A 级景区	5011.48	6309.97
	3A 级景区	1406.63	2208.41
	2A 级景区	895.47	1233.76
	1A 级景区	961.79	1409.93
	非 A 级景区	4575.44	2546.97

（二）旅游企业营业总收入

2012年纳入编报范围的全国旅游企业的平均营业总收入为2306.28万元，比2011年有所增长。

从绝对规模上看，在不同业态内部，旅游集团、旅游景区等旅游企业经营水平仍然具有绝对优势，2012年这两类旅游企业的营业总收入明显高于平均水平，而旅行社和旅游饭店的经营规模和营业水平相对不高。

从时间纵向来看，2012年除了旅游集团的营业总收入有小幅下降之外，旅游景区、旅行社和旅游饭店等旅游企业的营业总收入都出现不同程度的增长。

2012年旅游企业营业总收入的增长，与2012年中国旅游整体宏观市场的大发展是一致的。2012年中国国内旅游市场和出境旅游市场的持续增长，为中国旅游企业营业总收入的增长奠定了基础。详细数据如表10所示。

表10　旅游企业平均营业总收入

单位：万元

企业类别	内部构成	平均营业总收入	
		2011年	2012年
全国旅游企业		2227.46	2306.28
旅游企业	旅游饭店	2432.33	2550.95
	旅行社	1606.07	1626.03
	旅游景区	1995.76	2287.03
	旅游集团	178079.40	127133.38
	其他旅游企业	3384.65	5284.03

续表

企业类别	内部构成	平均营业总收入	
		2011 年	2012 年
旅游饭店	五星级饭店	11722.06	11604.72
	四星级饭店	4029.45	4060.53
	三星级饭店	1273.75	1320.00
	二星级饭店	490.43	519.74
	一星级饭店	285.47	331.99
	未评星级饭店	2358.69	2559.10
旅行社	经营出境游旅行社	11033.83	10857.48
	经营非出境游旅行社	597.20	621.82
旅游景区	5A 级景区	13172.77	11955.96
	4A 级景区	2611.23	2890.50
	3A 级景区	667.95	1328.57
	2A 级景区	799.71	670.93
	1A 级景区	660.90	528.71
	非 A 级景区	1548.04	1635.89

（三）旅游企业从业人员

从纳入编报范围的旅游企业的从业人数和旅游企业的职工人数来看，2012 年全国旅游企业大都为小型经营的企业，旅游企业年末从业人数大致为 71 人，旅游企业全年平均职工人数为 70 人。与 2011 年相比，旅游企业年末从业人数和平均职工人数大致保持稳定。

1. 旅游企业年末从业人数

2012 年全国旅游企业年末从业人数为 71 人，其中，旅游集团年末从业人数为 2057 人；旅游饭店和旅游景区年末从业人数分别为 153 人和 116 人；旅行社年末从业人数最少，仅为 15 人。

2. 旅游企业年平均职工人数

2012 年全国旅游企业年平均职工人数为 70 人。其中，2012 年旅游集团年平均职工人数为 2036 人，旅游饭店和旅游景区年平均职工人数分别为 152 人和 114 人，旅行社年平均职工人数最少，仅为 15 人。其他旅游企业年平均职工人数为 131 人。相比 2011 年旅游集团的年平均职工人数有所减少，其他类型的旅游企业年平均职工人数保持稳定。详细数据如表 11 所示。

表 11　旅游企业年末从业人数和年平均职工人数对比表

单位：人

企业类别	内部构成	企业年末从业人数		企业年平均职工人数	
		2011 年	2012 年	2011 年	2012 年
全国旅游企业		73	71	72	70
旅游企业	旅游饭店	153	153	151	152
	旅行社	16	15	15	15
	旅游景区	113	116	114	115
	旅游集团	3354	2057	3346	2036
	其他旅游企业	136	136	131	136
旅游饭店	五星级饭店	501	480	496	479
	四星级饭店	245	243	243	241
	三星级饭店	109	106	108	105
	二星级饭店	51	50	50	49
	一星级饭店	35	36	33	33
	未评星级饭店	145	146	145	145

续表

企业类别	内部构成	企业年末从业人数		企业年平均职工人数	
		2011 年	2012 年	2011 年	2012 年
旅行社	经营出境游旅行社	75	66	73	67
	经营非出境游旅行社	9	9	9	10
旅游景区	5A 级景区	499	422	522	426
	4A 级景区	148	152	148	152
	3A 级景区	54	76	56	74
	2A 级景区	47	46	48	46
	1A 级景区	61	31	59	30
	非 A 级景区	108	87	108	87

四、旅游企业财务效益情况

2012 年中国旅游市场发展迅速，国内旅游和出境旅游快速增长，旅游企业在数量规模、资产规模、固定资产投资，乃至营业总收入都呈现上升的态势，但是在旅游企业的微观层面，旅游企业盈利状态和盈利能力却不尽理想，这反映在旅游企业的营业利润、净利润和净资产收益率等指标都出现了不同程度的下降。旅游行业呈现出“宏观向好，微观困难”的偏离形态，除了旅游集团之外，旅游企业普遍存在盈利能力较低的问题，旅游产业的资本效益并不高，整个旅游行业处于微利时代。从旅游企业的销售增长率、资本积累率和总资产增长率等方面来看，旅游企业增长速度有小幅的收窄。

旅游行业所显现的这种经济形态，也是中国整体经济“宏观暖、微观冷”的缩影，具体来说主要受以下几个原因影响：一是 2012 年宏观经济形势放缓、宏观环境疲软；二是中国旅游行业特别是旅游饭店和旅游景区，都属于高资本投入的行业，投资回报周期长导致行业处于低效益中；三是目前中国旅游业发展仍处于粗放式扩张、投资带动高速发展的阶段；四是中国旅游行业进入结构调整周期，“旅游投资过度”的现象开始反映在旅游企业的财务效益当中，如何进行结构性转型调整，消化市场存量，加快产业融合，是旅游业提高盈利能力的关键所在；五是旅游企业以中小企业为主，许多甚至属于微型企业，经营管理效率低下，规模效应不明显，影响了企业盈利能力提升；六是近年来国内原材料价格、劳动力成本、能源价格、租金成本、税费成本乃至金融信贷成本的持续上升，旅游企业营业成本压力加大。

尽管旅游企业存在着上述诸多困难和问题，但是 2012 年旅行社的表现却十分抢眼，特别是经营出境旅游业务的旅行社，2012 年的平均净利润、净资产收益率、总资产报酬率等指标都呈现上升趋势，出境旅游收入比率和毛利率分别为 29.51% 和 6.41%，相比 2011 年有明显增长。所有这些都得益于中国持续快速发展的出境旅游市场。2012 年中国出境旅游人数达到 8300 万人次，同比增长 18.4%，极大地带动了经营出境游旅行社的快速增长，越来越多的旅行社将经营重点转向出境旅游，进而整体上带动了旅行社行业在规模上的扩张，为旅行社的发展带来了更多的发展空间和商业价值基础，旅行社也越来越受到各类资本的青睐，成为旅游投资的一个新的领域。例如 2012 年君联资本强势收购凤凰旅游，海航旅游业入主凯撒旅行社，万达集团成立了面向旅游休闲的电子商务公司，甚至是民营身份的众信国旅也在筹备上市并进入证监会会审阶段，所有这些都凸显出旅行社在过去一年中的强势发展。

对于未来中国旅游业发展来说，一方面，既需要保持宏观层面旅游市场的扩张和兴旺，更需要进一步激活微观，进行市场化改革，给企业充分的发展和调整空间，同时通过各种税费改革、取消差异性歧视价格等方式减轻旅游企业成本压力。另一方面，旅游企业自身也需要适应市场需求，转变经营方式，从粗放型外延扩张阶段，逐步向集约式内涵转型升级阶段迈进，全面提高企业核心竞争力。

（一）旅游企业盈利能力

与 2011 年相比，2012 年纳入编报范围的旅游企业盈利能力减弱，特别是旅游企业的净资产收益率等指标均呈现下降态势。但旅行社净资产收益率 2012 年却出现逆势上升，达到 11.00%，比 2011 年增长近一个百分点，其中经营出境游旅行社净资产收益率从 2011 年 12.70% 增长至 2012 年的 15.05%，经营非出境游旅行社的净资产收益率则出现下降。

1. 旅游企业营业利润和净利润

尽管 2012 年旅游企业资产规模和营业总收入都呈现增长趋势，但是旅游企业的平均营业利润和平均净利润却出现下降，2012 年旅游企业的平均营业利润和净利润分别为 62.29 万元和 49.01 万元，与 2011 年相比均有所降低。因此，尽管旅游企业营业总收入有所增加，但旅游企业盈利水平仍然不高且有所下滑。

在不同业态内部，从绝对规模上看，旅游集团、旅游景区等旅游企业经营水平仍然具有绝对优势，2012 年这两类旅游企业的营业利润和净利润明显高于平均水平，而旅行社和旅游饭店的经营规模和营业水平相对不高。

从时间纵向来看，2012 年旅游集团、旅行社和旅游饭店等旅游企业的营业利润和净利润都出现不同程度的下降，其中旅游饭店和旅游集团的平均营业利润和净利润下降明显。在旅游饭店内部，除五星级饭店外，其他星级饭店盈利水平都不理想。

相对来说，旅行社和旅游景区的盈利水平保持在相对稳定的状态，其中旅行社 2012 年平均净利润和旅游景区的平均营业利润呈现小幅增长。详细数据如表 12 所示。

表 12　旅游企业平均营业利润和净利润对比表

单位：万元

企业类别	内部构成	平均营业利润		平均净利润	
		2011 年	2012 年	2011 年	2012 年
全国旅游企业		70.17	62.29	55.17	49.01
旅游企业	旅游饭店	51.09	13.55	35.61	0.48
	旅行社	14.68	14.04	11.64	12.60
	旅游景区	184.37	194.32	208.38	201.07
	旅游集团	17288.70	13186.18	11971.60	9697.35
	其他旅游企业	191.85	283.51	153.19	256.95
旅游饭店	五星级饭店	973.79	713.68	816.83	600.95
	四星级饭店	17.98	−8.97	−11.37	−24.62
	三星级饭店	−25.02	−25.46	−24.67	−29.73
	二星级饭店	2.00	−2.93	0.50	−3.15
	一星级饭店	−4.38	−7.45	−0.71	10.41
	未评星级饭店	−63.40	−277.64	−51.43	−281.34

续表

企业类别	内部构成	平均营业利润		平均净利润	
		2011 年	2012 年	2011 年	2012 年
旅行社	经营出境游旅行社	126.20	121.23	99.64	109.28
	经营非出境游旅行社	2.75	2.38	2.22	2.08
旅游景区	5A 级景区	2554.65	2341.92	2424.12	2084.83
	4A 级景区	271.24	213.19	335.28	251.08
	3A 级景区	24.11	8.79	25.31	10.26
	2A 级景区	43.61	9.10	45.95	11.85
	1A 级景区	–61.52	52.05	–58.74	42.09
	非 A 级景区	–104.65	129.88	–76.89	139.03

2. 旅游企业净资产收益率

2012 年全国旅游企业净资产收益率平均为 5.04%，与 2011 年相比，旅游企业的净资产收益率显现降低趋势（2011 年旅游企业的净资产收益率为 5.32%）。

具体到各个不同类型旅游企业，除了旅行社之外，旅游集团、旅游饭店、旅游景区等旅游企业的净资产收益率 2012 年均出现了不同程度的下降。这些旅游企业经营状况的下滑，直接导致了旅游企业净资产收益率的降低。

从区域上看，除了湖南和广东两地旅游企业净资产收益率超过 10% 以外，其他地区旅游企业净资产收益率相对不高，中西部地区旅游企业净资产收益率低于全国水平。

在旅游饭店方面，各类型星级饭店的净资产收益率均出现不同程度的降低，中西部地区旅游饭店的净资产收益率更低，河北、山西、内蒙古、河南、江西、新疆、安徽、宁夏等地旅游饭店的净资产收益率为负数，旅游饭店经营状况不容乐观。

在旅游景区方面，旅游景区净资产收益率较低也主要集中在山西、吉林、贵州等地，其净资产收益率均为负数，远低于全国平均水平。

旅行社的净资产收益率2012年出现逆势上升，为11.0%，比2011年增长近一个百分点，主要得益于经营出境游旅行社的快速发展。

从区域角度看，2012年湖南、四川等地旅行社净资产收益率较高，分别为30.19%和25.77%，此外上海、辽宁、北京、江苏、安徽、广东等地旅行社净资产收益率也均超过10%。与之对应的是，在经营出境游旅行社方面，四川和湖南的经营出境游旅行社净资产收益率最高，分别为39.74%和33.91%，此外辽宁、上海、宁夏、北京等地的经营出境游旅行社的净资产收益率也超过15%。详细数据如表13所示。

表13　旅游企业净资产收益率对比表

单位：%

企业类别	企业类型	净资产收益率（2011年）	净资产收益率（2012年）
	全国旅游企业	5.32	5.04
旅游企业	旅行社	10.04	11.00
	旅游饭店	3.02	2.65
	旅游集团	10.80	9.98
	旅游景区	5.22	4.66
	其他旅游企业	6.77	5.89

续表

企业类别	企业类型	净资产收益率（2011 年）	净资产收益率（2012 年）
旅游饭店	五星级饭店	6.36	5.68
	四星级饭店	1.48	1.45
	三星级饭店	0.51	0.61
	二星级饭店	2.34	1.87
	一星级饭店	0.73	6.99
	未评星级饭店	1.42	0.02
旅行社	经营出境游旅行社	12.70	15.05
	经营非出境游旅行社	5.91	5.37
旅游景区	5A 级旅游景区	10.75	9.27
	4A 级旅游景区	5.87	4.71
	3A 级旅游景区	2.36	0.65
	2A 级旅游景区	3.10	1.25
	1A 级旅游景区	-4.30	4.85
	非 A 级景区	-1.68	4.88

3. 旅游企业总资产报酬率

总资产报酬率表示企业包括净资产和负债在内的全部资产的总体获利能力，是评价企业资产运营效益的重要指标。2012 年全国旅游企业总资产报酬率平均为 3.98%，与 2011 年相比保持稳定态势。其中，旅游集团总资产报酬率最大，平均为 6.00%；其次是旅行社，总资产报酬率平均为 5.51%；旅游景区总资产报酬率平均为 3.77%；旅游饭店的总资产报酬率最低，仅为 2.87%。

与2011年相比，旅游集团、旅行社和旅游景区的总资产报酬率出现显著上升，如经营出境游旅行社总资产报酬率从2011年的5.90%增长至2012年的6.61%，而旅游饭店的总资产报酬率出现小幅下降。详细数据如表14所示。

表14　旅游企业总资产报酬率对比表

单位：%

企业类别	单位类型	总资产报酬率（2011年）	总资产报酬率（2012年）
	全国旅游企业	3.98	3.98
旅游企业	旅行社	5.23	5.51
	旅游饭店	2.91	2.87
	旅游集团	5.92	6.00
	旅游景区	3.64	3.77
	其他旅游企业	4.99	4.49
旅游饭店	五星级饭店	4.70	4.69
	四星级饭店	2.35	2.23
	三星级饭店	1.24	1.55
	二星级饭店	2.27	2.20
	一星级饭店	1.42	3.90
	未评星级饭店	1.68	1.09
旅行社	经营出境游旅行社	5.90	6.61
	经营非出境游旅行社	3.76	3.57

续表

企业类别	单位类型	总资产报酬率（2011 年）	总资产报酬率（2012 年）
旅游景区	5A 级景区	6.85	6.43
	4A 级景区	4.16	3.77
	3A 级景区	2.21	1.45
	2A 级景区	2.68	1.48
	1A 级景区	–1.11	5.88
	非 A 级景区	0.42	3.57

4. 旅游企业利润率

（1）销售（营业）利润率

旅游企业销售（营业）利润率是指旅游企业一定时期内营业利润同营业收入净额的比率。2012 年全国旅游企业销售（营业）利润率平均为 4.16%，与 2011 年的 4.17% 基本持平。

其中，旅游集团和旅游景区的销售（营业）利润率分别为 10.46% 和 11.56%，与 2011 年相比均呈现增长态势。旅游饭店销售（营业）利润率平均为 3.49%；旅行社的销售（营业）利润率最低，仅为 1.08%，与 2011 年相比，呈现小幅下降。

（2）成本费用利润率

旅游企业成本费用利润率是指旅游企业一定时期内营业利润与企业成本费用总额的比例，表示企业为取得利润而付出的代价。2012 年全国旅游企业成本费用利润率平均为 4.92%，与 2011 年 4.91% 基本持平。

其中，2012 年旅游景区的成本费用利润率最大，平均为 15.72%；其次是旅游集团，成本费用利润率平均为 12.45%，比 2011 年有所增加；旅游饭店的成本费用利润率平均为 4.25%，旅行社的成本费用利润率最低，仅为1.21%，与2011年相比，呈现小幅下降。详细数据如表15所示。

表15　旅游企业销售（营业）利润率、成本费用利润率对比表

单位：%

企业类别	单　位	销售（营业）利润率		成本费用利润率	
		2011年	2012年	2011年	2012年
	全国旅游企业	4.17	4.16	4.91	4.92
旅游企业	旅游饭店	4.17	3.49	4.75	4.25
	旅行社	1.11	1.08	1.28	1.21
	旅游景区	10.96	11.56	17.06	15.72
	旅游集团	9.71	10.46	11.23	12.45
	其他旅游企业	7.68	6.95	8.98	7.89
旅游饭店	五星级饭店	10.06	8.25	11.12	9.39
	四星级饭店	2.20	1.90	2.67	2.78
	三星级饭店	0.62	0.73	1.19	1.36
	二星级饭店	2.61	2.15	3.19	2.84
	一星级饭店	1.06	2.01	1.65	9.39
	未评星级饭店	0.75	0.20	2.24	0.77
旅行社	经营出境游旅行社	1.30	1.31	1.49	1.43
	经营非出境游旅行社	0.74	0.66	0.84	0.79
旅游景区	5A级景区	20.05	19.80	29.05	25.63
	4A级景区	12.66	12.36	20.84	17.82
	3A级景区	6.31	1.66	9.64	3.19
	2A级景区	4.39	3.85	7.79	5.72
	1A级景区	−8.15	17.47	−6.30	21.73
	非A级景区	−6.44	10.02	−3.42	14.45

（二）旅游企业资产运营能力

与 2011 年相比，2012 年纳入编报范围的旅游企业总资产周转率有所下降，但是旅游企业的流动资产周转率和应收账款周转率有所上升。

1. 旅游企业总资产周转率

旅游企业总资产周转率是指企业一定时期内营业收入净额同平均资产总额的比率，是综合评价企业全部资产经营质量和利用效率的重要指标。2012 年全国旅游企业总资产周转率平均为 63.33%，与 2011 年的 65.26% 基本保持不变。

其中，旅行社的总资产周转率最大，平均为 432.04%，远远高于其他类型的旅游企业；其次是旅游集团，总资产周转率平均为 46.31%；旅游景区和旅游饭店的总资产周转率分别为 19.96% 和 41.35%。

与 2011 年相比，旅行社和旅游景区等企业的总资产周转率出现小幅增长，而旅游集团、旅游饭店等企业的总资产周转率则出现小幅下降。详细数据如表 16 所示。

表 16　旅游企业总资产周转率对比表

单位：%

企业类别	内部构成	2011 年	2012 年
全国旅游企业		65.26	63.33
旅游企业	旅游饭店	41.63	41.35
	旅行社	390.78	432.04
	旅游景区	19.48	19.96
	旅游集团	47.15	46.31
	其他旅游企业	50.47	45.29

续表

企业类别	内部构成	2011 年	2012 年
旅游饭店	五星级饭店	35.99	36.62
	四星级饭店	43.78	42.97
	三星级饭店	46.59	48.21
	二星级饭店	48.42	44.28
	一星级饭店	53.83	39.59
	未评星级饭店	41.55	36.14
旅行社	经营出境游旅行社	383.62	443.83
	经营非出境游旅行社	406.40	411.03
旅游景区	5A 级景区	26.77	24.01
	4A 级景区	19.01	17.83
	3A 级景区	20.03	22.45
	2A 级景区	28.28	18.03
	1A 级景区	19.03	22.75
	非 A 级景区	12.39	21.97

2. 旅游企业流动资产周转率

旅游企业流动资产周转率是指企业一定时期营业收入净额同平均流动资产总额的比率。2012 年全国旅游企业流动资产周转率平均为 156.33%，流动资产周转率相对较高，资产利用效率表现良好，但比 2011 年的 162.92% 有小幅下降。

其中，2012 年旅行社企业流动资产周转率最高，平均为 575.68%，远远高于其他类型的旅游企业；其次是旅游饭店和旅游集团，分别为 117.79% 和 94.88%，这三类旅游企业的流动资产周转率均比 2011 年有所增长；旅游景区的流动资产周转率相对偏低，平均为 59.10%，比 2011 年有小幅下降。详细数据如表 17 所示。

表 17　旅游企业流动资产周转率对比表

单位：%

企业类别	内部构成	2011 年	2012 年
全国旅游企业		162.92	156.33
旅游企业	旅游饭店	121.14	117.79
	旅行社	523.82	575.68
	旅游景区	66.31	59.10
	旅游集团	94.53	94.88
	其他旅游企业	114.52	103.48
旅游饭店	五星级饭店	101.97	107.07
	四星级饭店	126.39	119.96
	三星级饭店	140.76	133.56
	二星级饭店	133.70	126.01
	一星级饭店	202.78	182.98
	未评星级饭店	136.17	108.41
旅行社	经营出境游旅行社	530.04	606.20
	经营非出境游旅行社	511.54	524.98
旅游景区	5A 级景区	108.69	85.76
	4A 级景区	62.48	54.89
	3A 级景区	65.96	62.38
	2A 级景区	59.01	46.74
	1A 级景区	96.78	149.81
	非 A 级景区	44.17	43.16

3. 存货周转率

存货周转率是指企业一定时期内销售成本与平均存货的比率，是对流动资产周转率的补充说明。2012年全国旅游企业平均存货周转率为2.04次，比2011年小幅增长。其中，旅游饭店的平均存货周转率为6.92次，远远超过平均水平，旅游景区和旅游集团的平均存货周转率分别为1.56次和1.25次。

4. 旅游企业应收账款周转率

旅游企业应收账款周转率是指一定时期内企业营业收入净额同平均应收账款余额的比率。2012年全国旅游企业应收账款周转率平均为19.69次，应收账款周转速度较快，能够有效地将旅游企业的应收账款转为现金，减少坏账损失。与2011年的21.5次相比，旅游企业应收账款周转率呈现小幅下降趋势。

其中，2012年旅游集团应收账款周转率大幅下降，仅为23.41次；旅行社应收账款周转率尽管也出现小幅下降，但位居2012年第一位，为27.42次；旅游饭店应收账款周转率为14.86次，与2011年基本持平；旅游景区应收账款周转率相对偏低，为11.59次，但比2011年有所增加。详细数据如表18所示。

表18　旅游企业应收账款周转率对比表

单位：次

企业类别	内部构成	2011年	2012年
全国旅游企业		21.50	19.69
旅游企业	旅游饭店	16.39	14.86
	旅行社	28.35	27.42
	旅游景区	9.31	11.59
	旅游集团	46.16	23.41
	其他旅游企业	11.35	15.81

续表

企业类别	内部构成	2011 年	2012 年
旅游饭店	五星级饭店	27.69	19.27
	四星级饭店	16.44	16.83
	三星级饭店	11.34	10.56
	二星级饭店	8.74	8.90
	一星级饭店	16.04	18.65
	未评星级饭店	20.16	16.16
旅行社	经营出境游旅行社	33.44	34.37
	经营非出境游旅行社	21.61	19.76
旅游景区	5A 级景区	32.02	25.42
	4A 级景区	16.71	13.22
	3A 级景区	6.81	7.21
	2A 级景区	7.61	5.29
	1A 级景区	58.23	24.77
	非 A 级景区	2.46	8.62

（三）旅游企业偿债能力

2012 年纳入编报范围的旅游企业的资产负债率有所下降，旅游企业的流动比率和速动比率均有所提高，旅游企业的偿债能力总体上处于良性状态，但旅游企业短期偿债风险依然不可轻视。

1. 旅游企业资产负债率

旅游企业资产负债率是指旅游企业一定时期内负债总额同资产总额的

比率，是评价企业负债水平的综合指标。2012 年全国旅游企业资产负债率平均为 55.71%，与 2011 年相比，呈现小幅下降，基本保持在相对稳定的水平上。

其中，旅游集团的资产负债率有所下降，为 59.57%；旅行社资产负债率有所下降但仍然跃居第一位，为 61.79%；旅游饭店和旅游景区的资产负债率保持稳定，分别为 53.71% 和 53.87%。详细数据如表 19 所示。

表 19　旅游企业资产负债率对比表

单位：%

企业类别	内部构成	2011 年	2012 年
	全国旅游企业	56.24	55.71
旅游企业	旅游饭店	53.18	53.71
	旅行社	63.20	61.79
	旅游景区	51.94	53.87
	旅游集团	64.77	59.57
	其他旅游企业	51.23	57.72
旅游饭店	五星级饭店	52.88	53.38
	四星级饭店	55.71	54.50
	三星级饭店	50.13	52.11
	二星级饭店	51.37	53.69
	一星级饭店	38.72	53.02
	未评星级饭店	52.61	55.89
旅行社	经营出境游旅行社	65.56	65.22
	经营非出境游旅行社	58.03	55.58

续表

企业类别	内部构成	2011 年	2012 年
旅游景区	5A 级景区	48.20	57.22
	4A 级景区	48.76	53.76
	3A 级景区	42.48	54.20
	2A 级景区	49.84	42.89
	1A 级景区	66.14	37.45
	非 A 级景区	68.05	53.16

2. 旅游企业资产流动性

旅游企业流动比率是指旅游企业一定时期内流动资产同流动负债的比率，用以衡量企业短期债务偿还能力。旅游企业速动比率是指旅游企业一定时期的速动资产同流动负债的比率，用以衡量企业的短期偿债能力。2012 年全国旅游企业流动比率平均为 110.4%，速动比率平均为 88.39%，说明旅游企业的流动性较好，比 2011 年有所增长。考虑旅游行业的自身特性，旅游企业的流动比率理想数值一般在 150%，目前旅游企业的流动比率与理想状态存在一定的偏差，说明旅游企业在短期方面依然存在着一定的债务风险。特别是随着近年来旅游企业的大规模投资使得旅游企业积累了一定的债务风险。

具体从各个业态方面来看：

流动比率方面，旅游集团流动比率最大，平均为 132.31%；其次是旅行社，流动比率平均为 126.96%；旅游景区和旅游饭店的流动比率较低，平均分别为 103.27% 和 97.35%。与 2011 年相比呈现增长态势。

速动比率方面，2012 年旅行社企业速动比率最大，平均为 124.38%，旅游饭店、旅游景区和旅游集团的速动比率则相差不大，分别为91.72%、87.05和64.48%。与2011年相比，旅游饭店、旅游景区、旅游集团和旅行社旅游企业的速动比率均呈现出不同程度的增长态势。详细数据如表20所示。

表20 旅游企业流动比率与速动比率对比表

单位：%

企业类别	内部构成	流动比率		速动比率	
		2011年	2012年	2011年	2012年
全国旅游企业		104.94	110.40	82.79	88.39
旅游企业	旅游饭店	96.57	97.35	88.32	91.72
	旅行社	121.61	126.96	116.13	124.38
	旅游景区	84.84	103.27	73.28	87.05
	旅游集团	124.97	132.31	63.80	64.48
	其他旅游企业	115.96	128.19	77.84	90.00
旅游饭店	五星级饭店	115.93	109.06	101.97	104.07
	四星级饭店	90.12	96.17	85.07	91.05
	三星级饭店	84.95	85.72	78.72	79.19
	二星级饭店	89.81	84.49	82.14	77.42
	一星级饭店	78.08	47.63	65.57	39.36
	未评星级饭店	85.12	98.80	78.67	91.41
旅行社	经营出境游旅行社	113.60	116.64	106.21	113.26
	经营非出境游旅行社	141.38	149.29	140.59	148.44

续表

企业类别	内部构成	流动比率		速动比率	
		2011年	2012年	2011年	2012年
旅游景区	5A级景区	94.07	123.16	91.80	119.82
	4A级景区	97.83	100.42	85.64	87.35
	3A级景区	90.53	86.00	78.38	60.12
	2A级景区	115.03	109.83	73.07	88.18
	1A级景区	30.77	86.67	30.46	84.97
	非A级景区	56.24	126.59	45.83	97.68

3. 长期资产适合率

长期资产适合率是指企业所有者权益与长期负债之和同固定资产与长期投资之和的比率，从企业资源配置结构方面反映了企业财务结构的稳定程度以及财务风险的大小。2012年全国旅游企业长期资产适合率为160.75%，比2011年有所增长。总体上旅游企业的长期负债能力相对保持在可以控制的范围之内。

其中，旅行社长期资产适合率为207.08%，经营出境游旅行社为174.97%，经营非出境游旅行社为280.93%。

旅游饭店长期资产适合率为135.24%。其中，五星级饭店为143.89%，四星级饭店为133.61%，三星级饭店为122.81%，二星级饭店为120.41%，一星级饭店为82.61%，未评星级饭店为145.32%。

旅游集团长期资产适合率为221.03%。

旅游景区长期资产适合率为171.94%，其中，自然类旅游景区为

190.08%，文物类旅游景区为 239.46%，主题类旅游景区为 138.50%。

其他旅游企业长期资产适合率为 151.22%。

（四）旅游企业发展能力

总体上看，2012 年纳入编报范围的旅游企业依然保持强劲的增长能力。但与 2011 年相比，2012 年旅游企业总资产增长率略低，在国内外经济形势低迷的影响下，旅游企业的增长速度小幅收窄。

1. 销售增长率

销售增长率是指旅游企业本年度营业收入增长额同上年营业收入总额的比率，是评价企业成长状况和发展能力的重要指标。2012 年全国旅游企业销售增长率平均为 13.04%，保持较高的增长速度，但与 2011 年的 17.66% 相比，增长速度有所放缓。

其中，旅游集团销售增长率最大，平均为 20.13%，且仅有旅游集团的销售增长率比 2011 年有所增加，其他类型的旅游企业销售增长率与 2011 年相比均有所下降。除此之外，旅游景区和旅行社的销售增长率也保持在较高的水平，平均分别为 19.32% 和 15.73%，特别是经营出境游旅行社销售增长率增速明显，2012 年达到 18.27%，远高于其他类型的旅行社。

值得一提的是，2012 年旅游饭店的销售增长率下降幅度十分明显，平均仅为 4.53%，从 2011 年两位数增长速度下降至较低的增长水平。而在旅游饭店内部，高星级饭店的销售增长率表现不乐观，如五星级饭店销售增长率仅为 1.09%。详细数据如表 21 所示。

表 21　旅游企业销售增长率对比表

单位：%

企业类别	内部构成	2011 年	2012 年
全国旅游企业		17.66	13.04
旅游企业	旅游饭店	12.56	4.53
	旅行社	22.08	15.73
	旅游景区	24.10	19.32
	旅游集团	12.76	20.13
	其他旅游企业	20.54	14.17
旅游饭店	五星级饭店	12.66	1.09
	四星级饭店	12.66	5.16
	三星级饭店	11.36	5.96
	二星级饭店	9.91	4.46
	一星级饭店	11.19	10.47
	未评星级饭店	18.12	14.06
旅行社	经营出境游旅行社	22.73	18.27
	经营非出境游旅行社	20.74	11.14
旅游景区	5A 级景区	32.03	13.78
	4A 级景区	22.91	20.62
	3A 级景区	33.25	23.32
	2A 级景区	10.97	22.92
	1A 级景区	6.54	74.33
	非 A 级景区	15.35	15.56

2. 资本积累率

资本积累率是指企业本年所有者权益增长额同年初所有者权益的比率，表示企业当年资本的积累能力，是评价企业发展潜力的重要指标。2012 年全国旅游企业资本积累率为 7.99%，比 2011 年有所下降。

旅行社资本积累率为11.61%，仍保持在较高的增长水平，比2011年有所加速。其中，经营出境游旅行社为13.98%，增长速度明显。

旅游饭店资本积累率相对较低，仅为4.24%，比2011年增长步伐放缓。具体到不同类型酒店，四星级和五星级等高星级旅游饭店的资本积累率与2011年相比呈现加速增长趋势，分别为6.53%和3.98%；低星级旅游饭店的资本积累率呈现下降趋势。

旅游集团资本积累率为12.33%，依然保持较高速度的增长势头，但是与2011年相比也略有放缓。

旅游景区资本积累率尽管仍然保持两位数的增长速度，但是比2011年降幅十分明显，2012年仅为11.52%，下降将近一半。其中，文化类旅游景区的资本积累率逆势上涨，为16.55%，受到投资者的青睐。自然类旅游景区和主题类旅游景区略有下降，分别为12.93%和7.65%，特别是主题类旅游景区增长势头回落。

其他旅游企业资本积累率为5.26%。

详细数据如表22所示。

表22　旅游企业资本积累率增长率对比表

单位：%

企业类别	内部构成	2011年	2012年
全国旅游企业		11.18	7.99
旅游企业	旅游饭店	4.99	4.24
	旅行社	11.28	11.61
	旅游景区	23.17	11.52
	旅游集团	14.40	12.33
	其他旅游企业	14.08	5.26

续表

企业类别	内部构成	2011 年	2012 年
旅游饭店	五星级饭店	5.33	6.53
	四星级饭店	2.21	3.98
	三星级饭店	7.33	2.72
	二星级饭店	3.56	4.27
	一星级饭店	1.50	4.49
	未评星级饭店	10.60	–0.97
旅行社	经营出境游旅行社	14.64	13.98
	经营非出境游旅行社	5.71	8.40
旅游景区	文物类景区	9.44	16.55
	主题类景区	35.38	7.65
	自然类景区	16.32	12.93

3. 总资产增长率

总资产增长率是指旅游企业本年总资产增加额同年初资产总额的比率，用以衡量企业本期资产规模的增长情况，评价企业经营规模总量上的扩张程度。2012 年全国旅游企业总资产增长率平均为 11.15%，处于较快增长水平。与 2011 年的 11.4% 相比，保持稳定增长态势。

其中，旅游景区总资产增长率最大，平均为 19.66%，高于其他类型的旅游企业，与 2011 年相比，增长幅度明显；其他类型的旅游企业总资产增长率都呈现不同程度的下降。

其次是旅行社和旅游集团，2012 年其总资产增长率平均分别为 15.16% 和 14.48%，相比 2011 年都有所下降。但是经营出境游旅行社的总资产增长率高达 15.81%，保持了高速增长势头。

旅游饭店的总资产增长率最低，2012 年为 4.96%，与 2011 年相比，增长速度有所下滑。在饭店业中，四星级饭店总资产增长率最高，且相比2011 年仅有这类饭店总资产增长率呈现上升势头，而其他类型的饭店总资产增长率都有所下降。详细数据如表 23 所示。

表 23　旅游企业总资产增长率对比表

单位：%

企业类别	内部构成	2011 年	2012 年
全国旅游企业		11.40	11.15
旅游企业	旅游饭店	5.56	4.69
	旅行社	15.69	14.16
	旅游景区	17.74	19.66
	旅游集团	16.48	14.48
	其他旅游企业	14.64	15.64
旅游饭店	五星级饭店	6.72	3.28
	四星级饭店	4.30	5.84
	三星级饭店	4.83	4.77
	二星级饭店	6.74	4.28
	一星级饭店	0.94	3.33
	未评星级饭店	7.66	6.07
旅行社	经营出境游旅行社	15.72	15.81
	经营非出境游旅行社	15.61	11.27
旅游景区	5A 级景区	26.77	16.18
	4A 级景区	17.72	21.78
	3A 级景区	20.86	13.79
	2A 级景区	21.03	26.25
	1A 级景区	4.85	22.32
	非 A 级景区	8.81	21.24

五、旅游企业社会贡献情况

从旅游企业的财务效益上看，尽管 2012 年旅游企业表现不容乐观，但旅游企业的社会贡献和社会效益依然十分突出，这也与中国旅游业宏观层面向好相一致。中国旅游市场的增长以及规模的扩张，使得旅游业的社会贡献进一步凸显，旅游企业在推动经济发展、创造就业、提高人民生活水平等方面作用日益明显。从纳入编报范围的旅游企业来看，2012 年旅游企业的人均增加值、年末从业人数、人均福利支出等指标继续保持了较快的增加势头。

（一）旅游企业人均增加值

旅游企业增加值是指旅游企业在一定时间内向游客提供旅游服务过程中所创造的增加值，反映了企业创造社会价值的能力。按统计口径，增加值是企业固定资产折旧、劳动者报酬、生产税净额、营业盈余之和。

2012 年纳入编报范围的全国旅游企业人均增加值为 91788.02 元，与 2011 年的 80266.02 元相比，旅游企业人均增加值呈现较快增长态势。

其中，旅游集团的企业人均增加值最大，平均为 187150.91 元，远远超过了旅游企业的平均水平；其次是旅游景区，人均增加值平均为 99336.52 元；旅游饭店人均增加值平均为 84154.34 元；旅行社人均增加值最低，平均仅为 52364.34 元，且与 2011 年相比，旅行社人均增加值略有下降，而其他类型的人均增加值都呈现增长态势。详细数据如表 24 所示。

表 24　旅游企业人均增加值对比表

单位：元

企业类别	内部构成	2011 年	2012 年
全国旅游企业		80266.02	91788.02
旅游企业	旅游饭店	71502.32	84154.34
	旅行社	53107.70	52364.34
	旅游景区	85513.66	99336.52
	旅游集团	163371.44	187150.91
	其他旅游企业	85253.36	113898.78
旅游饭店	五星级饭店	122163.11	118258.03
	四星级饭店	70825.34	92894.16
	三星级饭店	47650.02	52117.06
	二星级饭店	38856.27	45207.00
	一星级饭店	39279.48	44760.52
	未评星级饭店	65996.75	119349.29
旅行社	经营出境游旅行社	71001.49	70510.23
	经营非出境游旅行社	36841.40	38849.65
旅游景区	5A 级景区	145698.73	170963.25
	4A 级景区	87724.67	99930.78
	3A 级景区	48698.22	65203.76
	2A 级景区	58697.22	54432.13
	1A 级景区	34196.96	93308.78
	非 A 级景区	52353.90	72005.32

（二）旅游企业人均财政贡献

旅游企业人均财政贡献是指旅游企业在一定时期内向游客提供旅游服务过程中所创造的财政贡献，反映了企业向国家纳税的能力。按统计口径，财政贡献是企业的各项税费之和。2012 年纳入编报范围的全国旅游企业人均财政贡献相对较高，平均为 17843.02 元，比 2011 年的 16397.56 元有大幅增加。

其中，2012 年旅游集团的企业人均财政贡献最大，平均为 52374.52 元，远远超过了旅游企业的平均水平；其次是旅游饭店和旅游景区，人均财政贡献平均分别为 15612.39 元和 14993.03 元；旅行社的人均财政贡献最低，平均仅为 7260.45 元，且与 2011 年相比，旅行社的人均财政贡献略有下降，而其他类型的旅游企业人均财政贡献均有所增加。详细数据如表 25 所示。

表 25　旅游企业人均财政贡献对比表

单位：元

企业类别	内部构成	2011 年	2012 年
全国旅游企业		16397.56	17843.02
旅游企业	旅游饭店	12898.64	15612.39
	旅行社	8425.52	7260.45
	旅游景区	14056.19	14993.03
	旅游集团	51006.18	52374.52
	其他旅游企业	15392.32	25313.46

续表

企业类别	内部构成	2011 年	2012 年
旅游饭店	五星级饭店	22367.42	21450.73
	四星级饭店	13141.44	12571.50
	三星级饭店	8093.77	8740.14
	二星级饭店	6367.03	8181.95
	一星级饭店	5521.22	7173.14
	未评星级饭店	11758.45	57673.84
旅行社	经营出境游旅行社	12055.07	10214.08
	经营非出境游旅行社	5089.70	5044.45
旅游景区	5A 级景区	24527.10	24307.79
	4A 级景区	12055.08	13316.64
	3A 级景区	10449.92	14369.66
	2A 级景区	15698.72	10067.66
	1A 级景区	5781.21	14651.51
	非 A 级景区	10978.76	11971.44

（三）旅游企业年人均职工工资

旅游企业年人均职工工资是指旅游企业在一定时期内向游客提供旅游服务过程中为企业职工支付的工资，反映了企业的员工成本和企业职工的工资水平。2012 年纳入编报范围的全国旅游企业年人均职工工资为 31228.25 元，与 2011 年相比，旅游企业年人均职工工资增幅明显。

其中，旅游集团年人均职工工资最高，平均为 39701.19 元，超过了旅游企业的平均水平；旅游饭店年人均职工工资为 31508.96 元；旅游景区年人均职工工资为 30166.01 元；旅行社年人均职工工资最低，仅为 26384.28 元。与 2011 年相比，各个业态的旅游企业的年人均职工工资均出现不同幅度的增长。详细数据如表 26 所示。

表 26　旅游企业年人均职工工资对比表

单位：元

企业类别	内部构成	2011 年	2012 年
全国旅游企业		28020.70	31228.25
旅游企业	旅游饭店	27946.62	31508.96
	旅行社	24177.53	26384.28
	旅游景区	26366.20	30166.01
	旅游集团	38450.46	39701.19
	其他旅游企业	23881.22	30189.61
旅游饭店	五星级饭店	37375.26	41633.25
	四星级饭店	28249.73	31176.03
	三星级饭店	22488.91	26186.81
	二星级饭店	18960.74	22414.48
	一星级饭店	19963.29	23007.93
	未评星级饭店	31439.94	33789.23
旅行社	经营出境游旅行社	29781.77	32230.52
	经营非出境游旅行社	19288.95	21986.33

续表

企业类别	内部构成	2011 年	2012 年
旅游景区	5A 级景区	35955.79	38393.16
	4A 级景区	26160.09	30152.60
	3A 级景区	18718.60	25943.03
	2A 级景区	18622.79	22773.58
	1A 级景区	18097.19	25942.19
	非 A 级景区	26835.47	30513.53

（四）旅游企业年人均福利支出

旅游企业年人均职工福利支出是指旅游企业在年度内向游客提供旅游服务过程中为企业职工支付的养老、失业以及医疗保险等费用，反映了企业的员工成本和企业职工的福利水平。2012 年纳入编报范围的全国旅游企业年人均福利支出平均为 6823.27 元，比 2011 年的 6035.74 元有所增长。

其中，2012 年旅游集团的年人均职工福利支出最大，平均为 9014.19 元，比 2011 年有小幅下降；旅行社、旅游饭店和旅游景区的年人均职工福利支出都有较大幅度增加，分别为 7072.90 元、6573.37 元和 6396.56 元，其中旅行社增长幅度明显，尤其是经营出境游业务的旅行社，2012 年人均福利支出平均为 9209.20 元。详细数据如表 27 所示。

表 27　旅游企业年人均福利支出对比表

单位：元

企业类别	内部构成	2011 年	2012 年
全国旅游企业		6035.74	6823.27
旅游企业	旅游饭店	5612.16	6573.37
	旅行社	6647.72	7072.90
	旅游景区	4830.34	6396.56
	旅游集团	10470.20	9014.19
	其他旅游企业	5047.14	7928.45
旅游饭店	五星级饭店	8722.89	10012.95
	四星级饭店	5474.63	6213.76
	三星级饭店	4119.77	4882.40
	二星级饭店	3509.68	4293.79
	一星级饭店	3765.74	6106.62
	未评星级饭店	5673.08	7318.51
旅行社	经营出境游旅行社	8751.93	9209.20
	经营非出境游旅行社	4812.21	5465.82
旅游景区	5A 级景区	6720.06	8302.23
	4A 级景区	4823.08	6334.31
	3A 级景区	3373.76	5749.21
	2A 级景区	3171.69	5083.76
	1A 级景区	3424.46	3964.10
	非 A 级景区	4818.08	6019.47

（五）旅游企业从业人员

从纳入编报范围的旅游企业的从业人数和旅游企业的职工人数来看，2012 年全国旅游企业大都为小型经营的企业，旅游企业年末从业人数大致为 71 人，旅游企业全年平均职工人数为 70 人。与 2011 年相比，旅游企业年末从业人数和平均职工人数大致保持稳定。

2012 年全国旅游企业年末从业人数为 71 人，其中，旅游集团年末从业人数为 2057 人；旅游饭店和旅游景区年末从业人数分别为 153 人和 116 人；旅行社年末从业人数最少，仅为 15 人。相比 2011 年，旅游集团年末从业人数下降明显，从 2011 年的 3354 人减少至 2012 年的 2057 人。

2012 年全国旅游企业年平均职工人数为 70 人。其中，2012 年旅游集团年平均职工人数为 2036 人，旅游饭店和旅游景区年平均职工人数分别为 152 人和 114 人，旅行社年平均职工人数最少，仅为 15 人。其他旅游企业年平均职工人数为 131 人。相比 2011 年，旅游集团的平均职工人数有所减少，其他类型的旅游企业职工人数保持稳定。详细数据如表 28 所示。

表 28　旅游企业年末从业人数和年平均职工人数对比表

单位：人

企业类别	内部构成	企业年末从业人数		企业年平均职工人数	
		2011 年	2012 年	2011 年	2012 年
全国旅游企业		73	71	72	70
旅游企业	旅游饭店	153	153	151	152
	旅行社	16	15	15	15
	旅游景区	113	116	114	115
	旅游集团	3354	2057	3346	2036
	其他旅游企业	136	136	131	136

续表

企业类别	内部构成	企业年末从业人数		企业年平均职工人数	
		2011 年	2012 年	2011 年	2012 年
旅游饭店	五星级饭店	501	480	496	479
	四星级饭店	245	243	243	241
	三星级饭店	109	106	108	105
	二星级饭店	51	50	50	49
	一星级饭店	35	36	33	33
	未评星级饭店	145	146	145	145
旅行社	经营出境游旅行社	75	66	73	67
	经营非出境游旅行社	9	9	9	10
旅游景区	5A 级景区	499	422	522	426
	4A 级景区	148	152	148	152
	3A 级景区	54	76	56	74
	2A 级景区	47	46	48	46
	1A 级景区	61	31	59	30
	非 A 级景区	108	87	108	87

六、分项补充指标情况

（一）旅行社补充指标

2012 年全国旅行社入境旅游收入比率为 8.78%，相比 2011 年有所下降。国内旅游收入比率为 61.71%，比 2011 年有所减少。出境旅游收入比率为 29.51%，比 2011 年小幅增长。

在旅游收入毛利率方面，2012 年旅行社自联入境旅游收入毛利率为 7.53%，比 2011 年有所增加。旅行社国内旅游收入毛利率为 7.74%，比 2011 年有所增加。旅行社出境旅游收入毛利率为 6.41%，比 2011 年增幅明显。

（二）旅游饭店补充指标

2012 年全国旅游饭店平均客房出租率为 60.21%，比 2011 年小幅降低。

旅游饭店平均房价为 324.57 元，比 2011 年小幅降低。旅游饭店房费收入比率为 40.54%，比 2011 年有所减少。2012 年餐饮收入比例有所增加，为 44.27%，此外商品收入和娱乐收入比率相对较低，分别为 2.0% 和 1.41%。

在毛利率方面，2012 年旅游饭店餐饮收入毛利率为 51.04%，比 2011 年小幅增长，特别是商品毛利率增长更为明显，2012 年为 37.44%，增加近 10 个百分点。与此同时，娱乐毛利率有小幅下降，但仍然是毛利率最大的项目，2012 年为 62.94%。

（三）旅游景区补充指标

2012 年全国旅游景区门票收入比率为 49.13%，相比 2011 年有所下降，但仍然是旅游景区主要的收入来源。此外，餐饮收入和娱乐收入比率分别为 9.92% 和 3.16%，相比 2011 年也有所下降。但景区商品收入比率比 2011 年有所增加，为 9.43%。

在毛利率方面，2012 年景区娱乐和商品项目收入的毛利率比 2011 年有所下降，其中娱乐收入毛利率仍然是最高的项目，为 48.15%，商品毛利率为 44.19%。与此同时，景区餐饮毛利率有小幅增长，但仍然不高，为 41.90%。

在景区门票方面，2012 年旅游景区平均门票价格为 43.98 元，相比 2011 年增幅较大。门票价格仍然是景区关注的重点所在。

行业数据

2012 年度全国旅游行业经济效益

地　区	财务效益				资产营运状况		
	净资产收益率(%)	总资产报酬率(%)	销售(营业)利润率(%)	成本费用利润率(%)	总资产周转率(%)	流动资产周转率(%)	存　货周转率(次)
全　国	5.04	3.98	4.16	4.92	63.33	156.33	2.04
北　京	6.66	4.97	3.18	3.52	120.07	282.74	17.81
天　津	2.32	2.16	1.37	2.61	61.74	198.21	7.56
河　北	3.28	2.86	2.70	3.96	52.14	140.29	2.77
山　西	–2.65	–0.52	–1.88	–1.48	64.63	174.35	5.46
内蒙古	1.46	1.69	2.09	2.62	37.23	93.34	3.87
辽　宁	3.62	2.84	2.37	2.48	99.30	199.28	5.22
吉　林	1.45	1.99	1.39	3.50	40.96	134.31	3.71
黑龙江	2.64	2.50	2.84	3.12	69.86	210.34	7.46
上　海	5.64	4.20	3.76	4.37	87.84	228.61	4.04
江　苏	1.14	2.01	–0.05	1.51	51.71	125.13	3.25
浙　江	5.21	4.45	4.84	5.77	55.60	134.01	2.24
安　徽	8.56	5.03	8.12	9.48	47.25	124.19	1.61
福　建	3.32	3.44	2.88	3.21	73.12	178.79	2.60
江　西	2.47	2.30	2.14	2.50	65.43	166.62	2.60
山　东	2.11	2.52	2.60	3.45	47.76	146.71	3.50

评价主要财务指标表（全部旅游企业）

	偿债能力状况				发展能力状况		
应收账款周转率(次)	资产负债率(%)	流动比率(%)	速动比率(%)	长期资产适合率(%)	销售增长率(%)	资本积累率(%)	总资产增长率(%)
19.69	55.71	110.40	88.39	160.75	13.04	7.99	11.15
20.98	56.51	99.83	94.94	126.51	15.98	2.98	4.37
11.14	47.09	95.59	90.90	165.08	15.15	3.80	5.59
7.44	51.02	92.76	78.81	127.08	5.14	5.14	9.13
10.62	60.64	71.53	66.90	99.04	21.24	7.98	14.47
7.55	54.99	102.72	96.82	150.36	6.38	8.08	12.20
30.43	44.41	160.42	154.09	173.50	14.92	6.65	4.20
16.65	51.65	84.97	77.05	133.75	9.91	4.94	7.71
13.81	50.66	76.92	72.99	108.38	24.64	2.87	3.24
27.33	43.42	122.84	111.00	173.34	11.09	4.99	5.67
16.21	62.34	102.39	91.85	158.87	7.33	9.80	19.94
26.44	60.37	103.02	83.21	151.28	6.41	8.83	10.65
15.91	57.89	108.23	80.19	173.95	20.15	25.48	17.92
18.70	55.48	112.62	95.61	164.93	9.28	7.07	8.39
14.52	52.67	100.57	87.60	149.63	4.97	7.73	9.45
14.14	47.99	104.86	96.22	167.87	16.86	4.57	11.20

地　区	财务效益				资产营运状况		
	净资产收益率(%)	总资产报酬率(%)	销售(营业)利润率(%)	成本费用利润率(%)	总资产周转率(%)	流动资产周转率(%)	存　货周转率(次)
河　南	3.10	3.36	3.37	4.26	46.55	152.46	3.56
湖　北	3.27	2.94	2.28	3.06	68.32	205.95	7.40
湖　南	10.27	7.22	5.96	6.99	86.41	252.95	4.35
广　东	12.28	6.56	9.89	11.18	57.51	107.50	0.50
广　西	3.54	3.35	3.13	4.44	54.62	167.44	6.36
海　南	4.25	3.59	6.08	6.58	56.20	135.97	1.07
重　庆	2.55	2.86	2.05	3.37	42.69	126.88	1.66
四　川	4.25	3.73	4.53	5.34	44.59	111.30	2.46
贵　州	1.98	2.36	1.72	2.17	60.69	167.85	6.50
云　南	3.07	2.66	3.24	3.65	54.33	149.34	1.04
陕　西	3.57	3.52	3.21	3.68	54.80	143.14	3.63
甘　肃	1.27	1.72	1.72	1.37	45.11	129.87	2.44
青　海	3.79	2.71	4.12	4.88	50.14	130.26	6.55
宁　夏	7.26	5.72	7.93	8.80	56.82	200.21	5.89
新　疆	0.43	1.09	1.54	1.65	46.02	127.78	5.20
西　藏	0.18	0.27	-2.73	1.79	14.47	136.25	0.82

续表

	偿债能力状况				发展能力状况		
应收账款周转率(次)	资产负债率(%)	流动比率(%)	速动比率(%)	长期资产适合率(%)	销售增长率(%)	资本积累率(%)	总资产增长率(%)
11.14	52.77	74.73	64.48	121.97	9.91	8.90	11.42
20.67	50.65	103.56	97.89	155.71	26.26	13.15	14.65
20.54	51.07	99.98	85.39	145.23	13.89	13.16	2.60
31.62	63.68	130.39	64.49	195.81	15.06	9.62	10.77
15.14	47.10	96.43	90.73	142.51	8.81	4.85	10.50
17.14	37.78	137.85	126.46	247.85	16.05	5.99	1.29
23.92	59.42	146.99	117.65	271.34	18.68	3.70	20.71
17.73	58.32	117.14	103.57	143.66	15.51	4.24	10.62
19.08	63.25	101.67	95.87	143.23	16.46	8.40	13.45
17.65	49.36	124.49	95.12	173.52	25.86	11.61	19.14
16.83	53.39	106.54	93.28	152.88	9.14	11.35	12.26
8.34	51.71	79.84	65.33	107.50	10.41	8.78	8.88
12.70	48.82	131.74	126.64	145.31	25.26	6.45	18.52
23.28	43.11	99.21	93.11	149.49	20.12	25.41	19.07
15.47	50.45	110.90	99.79	127.10	11.91	6.01	16.28
12.23	14.60	75.14	57.42	107.33	–11.09	0.14	–0.26

2012 年度全国旅游行业经济效益

地　区	财务效益				资产营运状况		
	净资产收益率(%)	总资产报酬率(%)	销售(营业)利润率(%)	成本费用利润率(%)	总资产周转率(%)	流动资产周转率(%)	存　货周转率(次)
全　国	11.00	5.51	1.08	1.21	432.04	575.68	—
北　京	13.73	5.32	1.11	1.19	418.75	489.31	—
天　津	8.50	4.81	1.01	1.04	441.77	575.01	—
河　北	3.25	2.89	0.86	0.88	319.81	375.27	—
山　西	-4.18	-1.45	-0.41	-0.38	416.14	515.83	—
内蒙古	5.56	5.62	1.30	1.40	296.94	401.56	—
辽　宁	17.08	9.01	1.22	1.28	695.00	878.12	—
吉　林	0.80	0.83	0.03	0.29	271.65	329.80	—
黑龙江	11.58	6.84	1.89	1.91	364.80	396.36	—
上　海	17.09	7.44	1.83	1.97	375.81	544.99	—
江　苏	13.61	6.53	1.10	1.25	478.28	752.11	—
浙　江	6.01	3.92	0.52	0.78	458.75	636.26	—
安　徽	12.00	6.87	1.23	1.40	478.20	635.26	—
福　建	7.63	4.74	0.88	1.06	418.79	681.96	—
江　西	3.65	2.31	0.24	0.39	555.08	698.59	—
山　东	9.78	7.57	1.62	1.67	424.59	663.24	—

评价主要财务指标表（全部旅行社）

	偿债能力状况				发展能力状况		
应收账款周转率(次)	资产负债率(%)	流动比率(%)	速动比率(%)	长期资产适合率(%)	销售增长率(%)	资本积累率(%)	总资产增长率(%)
27.42	61.79	126.96	124.38	207.08	15.73	11.61	14.16
25.26	71.78	121.47	121.40	235.53	17.97	10.96	13.44
20.15	54.41	143.17	141.35	223.19	12.14	9.62	7.65
30.68	34.34	235.86	234.79	409.33	–4.98	5.04	2.22
19.03	52.78	151.03	149.32	316.71	28.51	9.51	23.19
21.15	45.49	157.73	156.83	230.29	5.70	15.44	21.34
37.57	62.30	136.48	136.20	210.49	22.41	15.28	15.39
20.05	42.49	194.53	194.05	368.76	21.49	–0.33	11.31
21.21	43.52	212.05	211.10	723.74	30.65	4.63	–16.60
25.20	60.71	115.12	115.03	143.12	14.91	17.17	19.02
35.48	66.09	120.29	119.39	160.89	8.72	6.24	4.80
26.16	60.91	124.98	124.65	198.50	11.23	16.88	11.96
27.42	54.44	142.90	141.93	267.77	10.48	10.56	10.34
28.93	54.30	117.85	117.18	203.56	17.42	11.75	13.27
29.14	50.24	156.39	155.70	301.98	2.79	9.94	9.21
30.22	48.14	141.35	140.01	189.09	21.97	12.51	25.00

地　区	财务效益				资产营运状况		
	净资产收益率(%)	总资产报酬率(%)	销售(营业)利润率(%)	成本费用利润率(%)	总资产周转率(%)	流动资产周转率(%)	存　货周转率(次)
河　南	2.70	2.34	0.47	0.61	371.02	469.76	—
湖　北	8.16	4.75	0.92	1.09	429.99	665.16	—
湖　南	30.19	19.55	1.88	1.97	1000.89	1214.90	—
广　东	10.04	3.74	0.72	0.90	378.27	457.52	—
广　西	1.61	1.31	0.17	0.21	474.01	563.38	—
海　南	−3.06	−0.72	−0.22	−0.24	357.02	398.75	—
重　庆	8.17	4.65	0.56	0.63	696.74	916.89	—
四　川	25.77	15.85	3.74	3.93	412.53	584.45	—
贵　州	−2.51	−0.26	−0.49	−0.16	448.13	580.58	—
云　南	5.51	3.07	0.37	0.51	471.32	643.32	—
陕　西	−0.45	0.61	0.09	0.13	434.52	512.84	—
甘　肃	1.62	1.29	0.66	0.59	205.53	295.76	—
青　海	2.26	1.51	0.51	0.55	270.44	361.32	—
宁　夏	7.67	4.97	0.76	0.75	621.30	709.72	—
新　疆	2.49	1.27	0.12	0.41	299.86	336.20	—
西　藏	—	—	—	—	—	—	—

续表

	偿债能力状况				发展能力状况		
应收账款周转率(次)	资产负债率(%)	流动比率(%)	速动比率(%)	长期资产适合率(%)	销售增长率(%)	资本积累率(%)	总资产增长率(%)
26.28	36.99	217.73	213.49	355.16	6.93	7.90	10.40
34.52	54.19	121.63	117.14	147.69	31.43	6.18	12.32
52.42	44.81	185.55	184.43	433.85	12.64	12.40	12.96
27.83	74.86	119.00	107.63	265.96	15.04	7.49	14.81
26.92	63.94	135.59	134.82	387.51	9.79	2.60	13.04
16.44	62.12	144.18	144.03	422.08	15.92	–0.05	2.25
38.76	61.53	125.75	125.47	243.50	24.06	5.10	18.22
29.99	49.46	129.92	129.27	342.15	16.34	32.96	31.45
26.84	62.68	136.52	135.41	244.51	20.09	5.06	20.44
22.72	65.06	118.01	117.07	184.18	31.09	7.68	10.02
18.40	51.45	164.86	162.77	617.97	9.59	18.40	19.05
13.98	40.10	194.34	190.41	226.68	7.20	7.07	10.01
19.52	49.56	170.11	168.92	257.94	43.53	2.47	13.16
30.13	54.03	163.33	162.38	555.19	24.24	4.99	23.38
15.04	65.95	137.92	137.59	446.71	21.90	1.45	24.77
—	—	—	—	—	—	—	—

2012 年度全国旅游行业经济效益

地区	财务效益				资产营运状况		
	净资产收益率(%)	总资产报酬率(%)	销售(营业)利润率(%)	成本费用利润率(%)	总资产周转率(%)	流动资产周转率(%)	存货周转率(次)
全国	15.05	6.61	1.31	1.43	443.83	606.20	—
北京	15.34	5.61	1.20	1.27	422.72	501.31	—
天津	8.20	4.34	0.80	0.83	469.50	620.76	—
河北	0.25	0.85	0.09	0.12	427.29	453.80	—
山西	0.36	1.03	0.12	0.15	533.85	656.12	—
内蒙古	13.59	6.58	1.59	1.80	369.45	460.91	—
辽宁	24.09	10.43	1.30	1.37	771.82	991.02	—
吉林	3.75	2.57	0.55	0.77	322.91	446.23	—
黑龙江	15.16	7.94	1.92	1.95	413.50	449.87	—
上海	20.60	9.66	2.96	3.04	318.30	537.67	—
江苏	12.68	5.37	0.47	0.64	647.64	886.77	—
浙江	12.83	6.32	1.01	1.24	488.61	663.81	—
安徽	17.19	8.23	1.61	1.76	464.91	684.39	—
福建	7.60	4.55	0.78	0.93	461.70	850.15	—
江西	7.01	3.06	0.35	0.47	621.67	751.20	—
山东	12.64	9.25	1.88	1.94	456.17	746.53	—

评价主要财务指标表（经营出境游旅行社）

	偿债能力状况				发展能力状况		
应收账款周转率(次)	资产负债率(%)	流动比率(%)	速动比率(%)	长期资产适合率(%)	销售增长率(%)	资本积累率(%)	总资产增长率(%)
34.37	65.22	116.64	113.26	174.97	18.27	13.98	15.81
29.40	72.76	118.23	118.18	204.85	18.45	9.17	13.28
18.84	62.69	121.92	121.92	177.86	11.50	10.16	4.43
39.79	55.35	137.52	137.50	223.80	3.60	1.14	–12.23
20.38	63.68	126.69	125.47	270.97	45.07	14.19	33.35
33.28	61.25	130.41	130.14	307.16	9.23	3.70	16.47
38.11	67.73	125.31	125.13	180.57	23.61	18.53	19.15
25.29	47.47	155.02	154.88	225.67	21.92	1.37	13.16
24.94	46.13	199.87	199.66	663.30	30.59	4.40	–23.82
70.61	56.26	107.33	107.31	122.33	17.19	19.91	22.18
40.53	74.41	115.25	114.45	176.74	7.50	5.06	–1.36
26.44	63.99	116.68	116.55	177.46	17.06	27.46	16.48
42.80	62.97	114.62	114.40	163.93	15.38	7.05	5.78
35.51	55.24	105.53	104.70	195.05	14.16	12.91	12.66
26.64	61.26	131.96	131.20	259.25	17.69	22.28	11.46
32.60	51.19	126.17	125.11	162.39	27.16	17.48	35.35

地　区	财务效益				资产营运状况		
	净资产收益率(%)	总资产报酬率(%)	销售(营业)利润率(%)	成本费用利润率(%)	总资产周转率(%)	流动资产周转率(%)	存　货周转率(次)
河　南	3.75	2.28	0.20	0.31	668.28	835.26	—
湖　北	8.69	4.48	1.09	1.26	352.78	643.85	—
湖　南	33.91	22.56	1.52	1.58	1442.92	1861.86	—
广　东	12.02	3.90	0.75	0.95	371.65	453.65	—
广　西	4.80	2.23	0.44	0.49	439.38	519.21	—
海　南	−0.28	0.65	0.03	0.11	332.60	383.34	—
重　庆	12.33	7.09	0.77	0.86	778.96	990.20	—
四　川	39.76	23.52	5.67	6.09	405.06	584.67	—
贵　州	−9.17	−1.08	−1.25	−0.43	535.59	702.70	—
云　南	9.23	4.47	0.45	0.61	709.36	929.90	—
陕　西	−4.85	−0.64	−0.14	−0.12	561.82	615.48	—
甘　肃	1.22	0.83	0.63	0.62	111.53	200.61	—
青　海	3.66	1.70	0.63	0.63	270.50	340.13	—
宁　夏	18.53	8.42	0.88	0.89	918.74	1094.61	—
新　疆	2.03	0.81	−0.06	0.23	347.63	381.66	—
西　藏	—	—	—	—	—	—	—

续表

	偿债能力状况				发展能力状况		
应收账款周转率(次)	资产负债率(%)	流动比率(%)	速动比率(%)	长期资产适合率(%)	销售增长率(%)	资本积累率(%)	总资产增长率(%)
34.43	60.16	136.46	136.10	227.03	16.08	12.20	17.60
48.27	58.56	92.44	86.46	99.57	30.69	2.00	5.83
84.05	47.06	166.75	166.22	334.62	15.41	20.04	22.30
28.24	77.65	114.40	101.71	238.75	15.47	7.68	15.20
29.18	66.54	130.48	130.34	350.35	12.74	1.09	5.45
15.78	68.75	126.56	126.56	284.31	7.64	–3.95	5.35
43.66	60.67	131.02	130.75	225.07	30.76	7.85	25.52
25.20	50.72	111.70	111.47	404.72	9.79	52.40	47.57
27.93	72.91	111.49	111.18	156.18	14.27	8.43	25.82
42.25	60.52	129.05	127.30	196.58	55.80	7.65	12.03
20.20	65.74	140.43	138.87	886.12	27.27	19.27	18.66
10.42	48.51	134.69	128.27	136.50	–7.18	9.02	8.43
13.46	64.75	154.38	154.10	335.83	48.14	3.26	4.65
60.77	70.07	122.79	121.95	414.97	31.27	5.91	63.13
26.52	73.76	124.87	124.48	334.74	18.87	0.43	34.27
—	—	—	—	—	—	—	—

2012 年度全国旅游行业经济效益

地　区	财务效益				资产营运状况		
	净资产收益率(%)	总资产报酬率(%)	销售(营业)利润率(%)	成本费用利润率(%)	总资产周转率(%)	流动资产周转率(%)	存　货周转率(次)
全　国	5.37	3.57	0.66	0.79	411.03	524.98	—
北　京	6.75	3.86	0.68	0.80	398.51	433.21	—
天　津	8.74	5.37	1.31	1.33	408.33	521.68	—
河　北	3.74	3.45	1.17	1.20	290.07	354.37	—
山　西	−7.44	−4.31	−1.60	−1.54	280.40	350.83	—
内蒙古	3.09	5.17	1.10	1.14	262.85	370.06	—
辽　宁	1.93	3.43	0.56	0.61	393.13	467.37	—
吉　林	−0.86	−0.30	−0.43	−0.13	238.23	268.18	—
黑龙江	4.29	3.75	1.72	1.68	226.78	244.69	—
上　海	5.88	2.66	0.29	0.50	499.89	555.41	—
江　苏	14.09	7.54	2.16	2.29	332.03	598.68	—
浙　江	1.00	1.79	0.04	0.33	432.29	610.83	—
安　徽	9.36	5.89	0.97	1.16	487.70	605.63	—
福　建	7.70	5.10	1.16	1.43	334.21	443.62	—
江　西	1.91	1.67	0.12	0.31	498.98	650.59	—
山　东	4.75	4.22	0.97	1.01	361.28	517.21	—

评价主要财务指标表（经营非出境游旅行社）

	偿债能力状况				发展能力状况		
应收账款周转率(次)	资产负债率(%)	流动比率(%)	速动比率(%)	长期资产适合率(%)	销售增长率(%)	资本积累率(%)	总资产增长率(%)
19.76	55.58	149.29	148.44	280.93	11.14	8.40	11.27
14.34	66.79	139.36	139.16	636.97	15.46	19.08	14.27
22.29	44.74	177.84	173.04	279.64	13.04	9.20	11.67
28.46	29.08	283.26	281.69	471.06	–8.08	5.68	6.62
16.60	39.21	200.25	197.57	362.55	2.76	6.28	12.52
17.05	38.28	177.91	176.55	214.92	3.49	19.32	23.70
33.85	39.32	208.66	207.72	392.30	13.90	8.57	1.77
16.95	39.20	225.95	225.19	580.14	21.11	–1.28	10.12
11.91	37.35	246.81	243.72	892.58	30.93	5.09	7.49
13.36	70.69	128.79	128.61	334.58	11.92	8.85	12.50
29.32	59.29	126.29	125.27	153.57	10.85	6.85	10.43
25.89	58.08	134.00	133.46	217.23	5.94	9.70	8.11
22.02	48.54	167.38	165.75	402.85	7.37	12.40	13.72
19.25	52.47	142.74	142.39	221.81	27.33	9.68	14.46
32.34	40.80	188.54	187.95	332.29	–9.26	4.05	7.35
25.50	41.32	188.44	186.26	263.96	10.53	4.32	6.78

地　区	财务效益				资产营运状况		
	净资产收益率(%)	总资产报酬率(%)	销售(营业)利润率(%)	成本费用利润率(%)	总资产周转率(%)	流动资产周转率(%)	存　货周转率(次)
河　南	2.46	2.37	0.76	0.94	250.99	319.21	—
湖　北	7.43	5.24	0.73	0.89	570.20	687.31	—
湖　南	27.19	16.96	2.59	2.77	621.25	712.42	—
广　东	3.42	2.67	0.55	0.58	420.97	480.77	—
广　西	−1.06	0.38	−0.07	−0.04	509.15	608.85	—
海　南	−4.99	−1.98	−0.41	−0.53	379.51	412.13	—
重　庆	−0.85	−0.07	−0.05	−0.03	537.26	758.83	—
四　川	4.88	3.39	0.74	0.76	424.68	584.09	—
贵　州	−0.33	0.16	0.04	0.03	403.39	519.23	—
云　南	3.02	2.32	0.28	0.40	341.92	477.21	—
陕　西	1.12	1.35	0.32	0.36	358.61	443.40	—
甘　肃	1.84	1.61	0.67	0.58	272.92	341.61	—
青　海	1.85	1.42	0.45	0.51	270.41	373.13	—
宁　夏	3.32	2.74	0.59	0.56	428.47	477.03	—
新　疆	2.88	1.88	0.49	0.78	235.75	271.89	—
西　藏	—	—	—	—	—	—	—

续表

	偿债能力状况				发展能力状况		
应收账款周转率(次)	资产负债率(%)	流动比率(%)	速动比率(%)	长期资产适合率(%)	销售增长率(%)	资本积累率(%)	总资产增长率(%)
20.94	27.24	291.25	283.51	412.49	–1.43	6.95	7.63
27.03	46.86	184.00	182.70	398.91	32.28	12.20	25.20
29.72	42.74	204.79	203.08	578.97	7.49	6.63	5.55
25.68	56.65	157.47	157.17	515.62	12.68	6.84	12.34
25.21	61.48	140.88	139.45	424.57	7.33	3.88	21.34
17.02	55.84	164.74	164.41	626.22	23.60	2.75	–0.53
29.45	63.35	115.22	114.90	299.52	8.44	–0.61	5.33
42.59	47.14	169.11	167.55	273.22	28.18	8.92	9.30
26.15	57.29	155.39	153.67	293.44	24.40	3.98	17.78
14.93	67.56	112.35	111.83	177.25	11.20	7.70	8.95
16.98	42.94	187.31	184.73	557.71	–3.00	18.10	19.28
15.48	34.15	243.22	241.34	398.86	12.30	6.02	11.17
25.30	42.24	179.79	178.04	236.56	41.29	2.24	17.77
17.73	41.35	217.82	216.72	642.55	15.63	4.62	3.46
8.09	54.62	164.46	164.23	611.33	28.36	2.32	13.16
—	—	—	—	—	—	—	—

2012 年度全国旅游行业经济效益

地　区	财务效益				资产营运状况		
	净资产收益率(%)	总资产报酬率(%)	销售(营业)利润率(%)	成本费用利润率(%)	总资产周转率(%)	流动资产周转率(%)	存　货周转率(次)
全　国	2.65	2.87	3.49	4.25	41.35	117.79	6.92
北　京	6.16	4.87	9.17	10.11	41.08	137.27	8.15
天　津	1.28	1.57	0.82	1.86	38.44	136.35	8.90
河　北	−2.56	−0.23	−3.52	−2.38	42.66	131.69	6.36
山　西	−2.20	−0.34	−2.64	−2.01	42.17	127.46	6.69
内蒙古	−1.65	0.44	−0.57	−0.79	37.54	92.69	4.93
辽　宁	2.92	2.21	4.26	4.53	40.57	83.66	5.16
吉　林	0.19	1.44	0.89	2.12	36.37	148.72	7.52
黑龙江	0.33	1.53	3.09	2.43	39.89	136.83	4.67
上　海	3.87	3.64	6.59	7.80	39.73	123.95	13.90
江　苏	0.61	1.78	0.26	1.25	41.12	109.76	10.19
浙　江	3.51	3.86	3.38	4.02	49.63	125.46	8.40
安　徽	−0.49	0.69	−1.23	−0.08	35.13	101.95	4.80
福　建	2.41	3.15	3.59	3.93	45.53	123.48	7.76
江　西	−0.62	0.70	−1.08	−0.37	31.84	93.70	5.30
山　东	1.36	1.56	0.79	2.07	41.51	106.94	4.55

评价主要财务指标表（全部旅游饭店）

	偿债能力状况				发展能力状况		
应收账款周转率(次)	资产负债率(%)	流动比率(%)	速动比率(%)	长期资产适合率(%)	销售增长率(%)	资本积累率(%)	总资产增长率(%)
14.86	53.71	97.35	91.72	135.24	4.53	4.24	4.69
35.58	52.99	81.04	77.89	110.41	3.16	−0.07	4.75
9.16	54.56	87.48	82.85	151.35	19.49	−0.46	1.80
6.53	54.92	78.32	72.50	109.26	5.03	−4.65	1.16
6.79	56.03	69.81	64.23	93.01	12.08	12.83	12.04
6.55	59.12	96.33	89.23	125.43	2.06	1.28	−0.21
22.76	44.54	165.87	158.29	165.93	3.79	6.65	3.16
13.69	49.25	76.87	71.82	115.24	5.97	2.21	5.39
11.39	48.16	68.96	63.30	98.74	14.33	0.80	2.95
27.99	36.07	134.76	131.46	174.22	3.88	3.03	1.24
14.24	61.58	89.69	86.28	137.12	3.71	5.30	3.62
25.17	62.90	93.36	87.14	139.51	−0.35	8.91	6.84
7.61	59.92	78.87	72.26	118.85	5.70	−0.66	5.94
19.08	56.97	112.31	105.94	154.29	6.07	3.44	3.90
10.07	57.34	81.53	77.15	129.81	5.45	3.84	5.75
7.65	58.73	88.90	82.03	122.56	2.98	4.61	9.42

地区	财务效益				资产营运状况		
	净资产收益率(%)	总资产报酬率(%)	销售(营业)利润率(%)	成本费用利润率(%)	总资产周转率(%)	流动资产周转率(%)	存货周转率(次)
河南	−1.63	0.87	−1.64	−1.00	41.71	124.21	5.67
湖北	0.41	1.27	−0.81	0.83	39.84	126.36	6.43
湖南	6.77	5.35	7.21	9.82	39.89	131.20	6.02
广东	3.43	3.48	5.78	6.35	42.12	118.00	8.16
广西	1.53	2.19	0.20	2.20	42.95	149.73	12.68
海南	3.98	2.31	6.21	6.82	34.68	64.09	0.82
重庆	5.76	5.95	5.14	6.32	36.65	80.93	4.79
四川	2.84	2.99	4.13	5.05	36.56	97.14	4.81
贵州	2.85	3.16	3.19	3.65	51.32	151.61	6.22
云南	1.97	2.08	3.94	4.31	33.73	107.38	5.68
陕西	1.04	1.63	1.87	1.86	46.09	147.24	5.60
甘肃	0.67	1.38	1.55	0.34	37.04	127.72	5.40
青海	3.93	2.91	5.56	6.42	39.50	109.47	5.36
宁夏	−0.21	1.08	−1.93	0.27	48.65	131.05	3.98
新疆	−0.51	0.46	0.44	0.56	42.34	133.28	12.07
西藏	0.18	0.27	−2.73	1.79	14.47	136.25	0.82

续表

	偿债能力状况				发展能力状况		
应收账款周转率(次)	资产负债率(%)	流动比率(%)	速动比率(%)	长期资产适合率(%)	销售增长率(%)	资本积累率(%)	总资产增长率(%)
6.78	58.29	72.04	64.89	106.87	6.56	1.17	3.43
12.73	53.43	98.37	90.97	128.05	11.89	5.34	8.59
10.41	50.38	87.50	81.08	129.08	8.22	9.46	−3.12
21.93	53.06	106.52	101.70	152.98	0.42	0.66	2.10
13.85	50.36	77.66	74.42	133.02	8.75	2.47	6.77
14.86	52.02	127.43	111.38	154.10	12.94	8.60	−0.16
20.10	69.42	140.40	132.14	164.24	6.60	7.35	12.76
10.90	54.58	105.23	97.92	141.42	7.46	4.91	12.16
16.03	59.97	102.80	95.65	129.10	13.22	5.85	7.82
14.26	41.20	109.91	103.01	133.64	9.90	4.80	4.91
14.07	48.72	92.09	84.61	113.67	0.72	15.08	−0.93
7.15	46.64	78.13	70.41	100.69	10.42	11.01	10.00
10.08	44.20	101.67	95.59	118.94	13.42	5.61	10.98
12.82	53.04	100.88	90.62	121.66	12.22	10.58	16.11
16.84	47.34	116.03	110.11	121.31	8.13	4.50	13.76
12.23	14.60	75.14	57.42	107.33	−11.09	0.14	−0.26

2012 年度全国旅游行业经济效益

地　区	财务效益				资产营运状况		
	净资产收益率(%)	总资产报酬率(%)	销售(营业)利润率(%)	成本费用利润率(%)	总资产周转率(%)	流动资产周转率(%)	存　货周转率(次)
全　国	5.68	4.69	8.25	9.39	36.62	107.07	6.23
北　京	9.23	7.39	13.55	15.24	40.69	128.32	10.72
天　津	2.22	2.89	2.42	2.28	45.74	121.24	11.46
河　北	-17.38	-3.32	-10.98	-9.38	44.54	119.89	5.41
山　西	0.29	0.17	-0.30	0.44	37.74	139.76	5.38
内蒙古	-2.84	-1.03	-1.48	-3.48	35.66	121.30	8.10
辽　宁	9.99	5.71	17.11	19.73	32.95	41.68	5.18
吉　林	6.45	6.36	14.55	16.19	38.28	261.30	12.23
黑龙江	12.51	10.36	19.75	24.41	52.87	176.16	2.67
上　海	5.31	5.04	12.35	14.57	35.43	127.25	14.87
江　苏	0.99	2.31	1.11	1.40	33.84	87.44	9.82
浙　江	5.10	4.40	5.09	6.67	34.36	108.50	2.24
安　徽	4.38	1.53	4.44	5.12	25.09	109.98	3.85
福　建	2.94	4.20	3.97	4.23	47.14	123.39	7.59
江　西	0.98	1.77	2.09	1.72	24.10	77.30	5.81
山　东	1.25	1.40	2.75	2.30	29.41	66.78	4.61

评价主要财务指标表（五星级饭店）

	偿债能力状况				发展能力状况		
应收账款周转率(次)	资产负债率(%)	流动比率(%)	速动比率(%)	长期资产适合率(%)	销售增长率(%)	资本积累率(%)	总资产增长率(%)
19.27	53.38	109.06	104.07	143.89	1.09	6.53	3.28
47.10	54.10	81.38	79.39	103.18	0.12	0.27	5.79
4.89	59.02	82.97	80.68	130.83	17.37	–13.32	7.79
6.05	74.37	81.98	77.13	106.44	11.90	–3.88	6.96
7.53	44.42	56.26	51.17	85.16	22.83	32.28	37.69
17.61	51.76	142.40	134.30	134.19	–0.48	–2.80	–2.44
36.19	44.39	424.45	417.44	424.19	–6.36	10.98	1.27
47.30	36.30	68.92	65.29	112.41	3.72	7.50	3.07
25.29	41.65	73.50	67.06	104.31	7.15	–2.21	0.58
56.78	25.23	177.19	173.33	205.00	–0.58	3.82	1.02
22.81	71.01	96.59	94.19	144.80	1.36	7.12	–0.74
27.21	65.50	92.63	79.14	132.83	3.35	19.79	8.51
3.71	73.08	45.19	41.70	107.80	–3.91	–2.79	4.23
32.36	63.43	125.08	117.98	169.62	4.78	3.79	0.48
22.54	61.54	72.06	69.91	156.42	3.70	4.02	0.06
3.67	65.07	92.95	90.57	118.64	–4.65	17.78	28.59

地　区	财务效益				资产营运状况		
	净资产收益率(%)	总资产报酬率(%)	销售(营业)利润率(%)	成本费用利润率(%)	总资产周转率(%)	流动资产周转率(%)	存　货周转率(次)
河　南	3.12	2.75	4.94	5.73	31.69	234.07	8.14
湖　北	0.06	0.69	−1.31	0.08	50.09	254.21	8.92
湖　南	11.91	7.80	16.30	23.12	29.55	98.42	4.61
广　东	7.88	5.82	10.51	12.20	43.31	129.64	7.95
广　西	0.61	1.98	1.45	1.67	34.97	138.58	13.14
海　南	11.60	6.49	17.52	21.56	36.47	72.99	7.40
重　庆	9.20	8.28	7.72	9.33	27.73	54.98	4.15
四　川	11.35	8.13	15.12	21.51	37.17	83.91	4.91
贵　州	9.08	6.11	6.63	9.40	54.53	379.66	5.42
云　南	7.84	5.61	14.36	16.62	32.73	73.81	3.16
陕　西	5.50	3.92	8.71	9.62	36.83	116.17	7.38
甘　肃	−5.64	−10.54	−12.90	−26.55	35.17	153.67	7.14
青　海	0.96	1.37	1.33	1.47	60.35	237.97	2.67
宁　夏	—	—	—	—	—	—	—
新　疆	−3.15	−0.72	−1.65	−1.73	41.93	117.40	14.54
西　藏	—	—	—	—	—	—	—

续表

	偿债能力状况				发展能力状况		
应收账款周转率(次)	资产负债率(%)	流动比率(%)	速动比率(%)	长期资产适合率(%)	销售增长率(%)	资本积累率(%)	总资产增长率(%)
11.11	63.59	36.03	30.65	119.07	20.42	8.43	27.24
42.11	29.30	117.15	108.29	114.01	0.83	4.60	–0.27
6.78	46.53	94.71	87.38	147.60	2.81	14.96	–22.03
31.16	50.11	107.19	103.28	147.30	–4.46	3.74	3.02
10.91	51.96	82.89	79.97	102.01	2.80	–3.01	–1.34
11.85	46.87	124.76	122.83	147.32	5.13	12.30	–7.25
45.12	80.16	179.49	174.05	191.84	–0.49	11.92	13.13
9.18	48.55	147.77	144.28	169.89	1.54	5.03	18.53
21.20	62.79	91.00	79.03	102.72	33.64	10.57	–1.90
27.14	40.77	183.66	173.34	177.48	7.27	7.31	4.01
31.43	41.52	277.41	267.25	129.91	–6.19	68.60	–10.70
7.31	60.96	40.79	37.94	62.96	6.87	–5.49	–17.68
48.21	36.40	98.90	85.54	107.60	14.40	0.97	–1.22
—	—	—	—	—	—	—	—
30.64	53.41	149.01	143.65	132.28	5.91	–6.80	24.35
—	—	—	—	—	—	—	—

2012 年度全国旅游行业经济效益

地　区	财务效益				资产营运状况		
	净资产收益率(%)	总资产报酬率(%)	销售(营业)利润率(%)	成本费用利润率(%)	总资产周转率(%)	流动资产周转率(%)	存　货周转率(次)
全　国	1.45	2.23	1.90	2.78	42.97	119.96	7.88
北　京	4.62	3.39	7.70	8.30	40.57	153.36	5.87
天　津	-1.32	0.29	-3.54	-1.89	26.42	170.43	5.99
河　北	-0.61	0.78	-1.39	-0.31	40.97	127.76	6.57
山　西	-5.94	-1.07	-5.96	-5.43	37.41	90.53	5.63
内蒙古	-4.55	-0.21	-0.78	-2.92	40.22	102.43	5.74
辽　宁	-3.08	-0.75	-4.11	-3.83	39.69	119.73	6.78
吉　林	-5.12	-1.51	-8.53	-5.74	32.57	112.89	4.75
黑龙江	-1.84	0.01	-2.44	-2.42	35.34	151.21	4.98
上　海	3.24	3.44	4.91	5.70	40.63	127.32	13.70
江　苏	-0.11	1.22	-0.99	0.58	43.19	119.98	9.95
浙　江	5.85	4.97	5.05	5.40	62.41	125.89	19.60
安　徽	-1.74	0.36	-3.97	-1.67	34.93	95.62	5.89
福　建	2.69	2.95	4.08	4.40	44.03	118.89	8.18
江　西	-1.66	0.16	-3.48	-1.56	33.70	90.61	4.64
山　东	0.88	1.44	-0.97	1.42	47.83	135.30	6.53

评价主要财务指标表（四星级饭店）

	偿债能力状况				发展能力状况		
应收账款周转率(次)	资产负债率(%)	流动比率(%)	速动比率(%)	长期资产适合率(%)	销售增长率(%)	资本积累率(%)	总资产增长率(%)
16.83	54.50	96.17	91.05	133.61	5.16	3.98	5.84
34.91	50.28	81.25	77.16	121.66	6.03	–0.92	5.22
14.87	55.80	67.55	61.90	164.53	23.58	1.47	–1.58
6.64	56.41	77.08	71.90	108.13	5.07	–10.36	–1.17
5.43	61.31	95.05	89.19	108.30	8.18	7.61	3.04
4.92	66.96	77.10	72.79	106.80	–1.30	–1.35	–7.80
32.87	44.44	103.22	98.07	120.28	6.29	6.74	5.57
19.96	56.05	92.87	85.95	132.44	4.76	0.04	7.35
17.84	46.71	62.80	57.06	98.53	24.27	4.42	7.18
33.03	39.94	115.90	112.74	145.60	9.26	3.32	–0.50
11.92	58.03	81.52	78.10	133.54	2.94	7.00	6.27
26.73	61.62	112.47	108.82	157.29	–2.85	10.13	7.53
12.71	54.89	98.33	92.49	124.14	11.47	–1.22	9.12
17.80	54.04	108.11	102.40	155.81	5.67	2.14	6.63
16.69	60.09	88.63	84.27	126.46	9.02	10.48	14.83
13.84	55.64	98.13	90.50	130.47	3.77	0.15	3.28

地 区	财务效益				资产营运状况		
	净资产收益率(%)	总资产报酬率(%)	销售(营业)利润率(%)	成本费用利润率(%)	总资产周转率(%)	流动资产周转率(%)	存 货周转率(次)
河 南	–5.05	–0.88	–4.87	–4.84	35.73	103.12	4.20
湖 北	2.30	2.28	0.06	3.32	33.51	116.52	7.71
湖 南	5.81	4.79	4.41	7.77	45.68	139.29	7.35
广 东	–1.68	2.26	2.74	3.02	35.74	94.62	8.28
广 西	2.24	2.67	–0.94	3.07	40.70	142.15	11.20
海 南	7.23	4.08	8.19	9.01	47.91	80.45	0.67
重 庆	6.48	4.69	5.65	6.91	48.07	98.78	4.36
四 川	–3.03	0.12	–3.50	–3.35	31.28	81.58	3.27
贵 州	1.57	2.73	2.38	1.86	59.59	133.55	5.83
云 南	1.34	1.72	3.01	3.28	37.08	120.40	5.58
陕 西	–2.00	0.17	–1.21	–1.61	49.08	167.54	4.16
甘 肃	–0.44	2.73	2.00	4.64	34.99	118.04	5.77
青 海	3.79	2.77	3.63	5.29	46.18	100.07	7.66
宁 夏	–2.19	–0.10	–8.20	–2.75	32.89	94.71	5.77
新 疆	0.77	0.84	1.41	1.32	43.23	153.32	12.48
西 藏	1.88	2.11	4.13	9.47	23.27	136.82	1.01

续表

	偿债能力状况				发展能力状况		
应收账款周转率(次)	资产负债率(%)	流动比率(%)	速动比率(%)	长期资产适合率(%)	销售增长率(%)	资本积累率(%)	总资产增长率(%)
8.41	60.72	69.09	62.40	103.60	8.88	–3.00	–1.24
14.06	57.94	90.87	86.87	126.35	7.83	3.30	10.38
20.65	55.80	92.73	88.63	115.49	12.65	4.22	22.07
21.37	62.98	96.17	92.23	137.99	0.37	1.96	–3.85
17.40	49.98	69.38	66.52	177.60	8.56	4.95	6.83
23.24	42.31	141.65	122.75	156.95	39.89	7.35	–7.92
27.31	59.61	163.09	147.88	172.55	12.19	4.12	21.34
16.32	57.60	93.35	84.42	131.27	7.89	6.48	14.72
23.04	62.14	121.88	114.83	170.74	11.37	10.38	10.75
15.28	40.56	118.81	111.40	130.26	14.33	2.80	3.25
20.82	58.40	69.72	61.83	98.29	–3.29	–0.73	2.84
6.20	42.08	98.56	93.09	107.52	17.13	29.55	29.67
14.26	44.51	141.22	135.55	182.48	11.57	9.86	20.32
23.38	52.12	113.74	108.46	132.20	8.06	15.96	22.19
13.93	37.53	109.98	104.02	114.74	10.27	17.68	1.66
77.87	4.14	445.40	377.09	119.01	–8.28	1.72	1.22

2012 年度全国旅游行业经济效益

地　区	财务效益				资产营运状况		
	净资产收益率(%)	总资产报酬率(%)	销售(营业)利润率(%)	成本费用利润率(%)	总资产周转率(%)	流动资产周转率(%)	存　货周转率(次)
全　国	0.61	1.55	0.73	1.36	48.21	133.56	7.19
北　京	1.38	1.17	1.02	2.27	47.93	147.35	7.86
天　津	2.67	1.87	2.17	3.13	54.59	125.69	11.19
河　北	−3.41	−1.35	−4.70	−3.62	47.72	149.86	6.33
山　西	−0.31	0.17	−0.89	0.01	46.83	193.09	8.96
内蒙古	−2.16	1.15	−0.34	0.18	37.40	65.65	3.18
辽　宁	−1.44	−0.32	−1.87	−0.81	44.65	173.33	6.11
吉　林	−3.74	−1.58	−4.02	−3.68	50.41	170.15	9.55
黑龙江	−6.95	−2.35	−4.84	−7.21	38.55	98.26	5.95
上　海	−4.97	−1.49	−7.27	−5.53	36.68	101.12	12.40
江　苏	3.48	2.88	3.06	3.92	58.18	143.26	11.44
浙　江	−0.79	2.08	−0.59	0.01	53.88	152.48	13.79
安　徽	−2.88	−0.19	−2.73	−2.10	48.24	103.19	4.31
福　建	1.36	2.27	2.33	2.66	56.10	130.30	8.18
江　西	−0.39	0.55	0.06	0.33	39.58	111.74	5.63
山　东	4.76	2.97	3.83	5.09	48.81	123.71	3.52

评价主要财务指标表（三星级饭店）

	偿债能力状况				发展能力状况		
应收账款周转率(次)	资产负债率(%)	流动比率(%)	速动比率(%)	长期资产适合率(%)	销售增长率(%)	资本积累率(%)	总资产增长率(%)
10.56	52.11	85.72	79.19	122.81	5.96	2.72	4.77
21.20	51.08	77.02	71.66	112.77	6.16	0.68	1.20
11.11	48.67	125.35	118.72	177.52	15.33	3.89	3.39
7.04	41.93	82.01	73.84	109.43	3.74	7.28	4.20
7.79	58.06	47.54	43.11	79.44	13.48	8.88	13.95
5.09	69.36	84.19	76.85	114.75	0.34	7.67	3.08
12.17	50.14	57.95	50.46	91.05	5.99	–4.67	–1.76
5.46	47.54	75.05	68.61	104.33	13.34	–0.28	5.66
5.53	53.15	76.20	71.31	89.88	8.24	–3.98	–5.22
28.04	55.27	98.58	96.12	134.73	1.59	–5.55	–1.06
10.69	51.35	91.86	86.53	130.60	5.75	3.58	7.34
21.51	60.64	68.98	65.76	124.27	–0.92	0.48	3.48
10.25	53.67	96.09	84.42	123.83	8.24	1.90	3.40
11.79	44.82	112.93	106.09	148.03	5.90	6.58	4.80
5.53	51.91	83.14	76.38	113.63	4.07	–1.71	1.50
9.41	57.81	73.75	61.92	116.44	6.29	0.52	–1.70

地　区	财务效益				资产营运状况		
	净资产收益率(%)	总资产报酬率(%)	销售(营业)利润率(%)	成本费用利润率(%)	总资产周转率(%)	流动资产周转率(%)	存　货周转率(次)
河　南	2.27	3.53	0.89	2.48	53.47	156.90	6.45
湖　北	-0.75	0.60	-1.07	-0.20	43.42	113.10	6.53
湖　南	2.04	3.04	2.52	2.86	47.02	158.60	6.00
广　东	2.80	2.67	3.77	4.43	53.40	115.00	9.74
广　西	1.24	1.57	0.97	1.50	55.14	169.41	14.27
海　南	0.28	1.07	0.61	1.25	42.51	156.73	7.85
重　庆	1.17	1.97	0.49	1.44	53.86	140.95	5.72
四　川	1.28	2.32	2.42	2.56	46.76	151.00	6.41
贵　州	1.75	2.47	1.93	2.02	54.64	187.98	7.17
云　南	-0.98	0.31	-1.55	-1.25	34.61	126.20	7.21
陕　西	0.14	1.05	0.49	0.66	50.94	155.85	6.94
甘　肃	3.14	2.95	5.34	5.14	40.23	136.46	6.00
青　海	5.62	3.75	12.35	13.59	26.06	75.71	5.42
宁　夏	3.49	3.20	2.83	2.81	77.17	184.35	3.16
新　疆	2.89	2.08	3.32	4.32	42.64	157.42	8.63
西　藏	-0.91	-0.72	-11.52	-6.65	9.75	135.49	0.71

续表

	偿债能力状况				发展能力状况		
应收账款周转率(次)	资产负债率(%)	流动比率(%)	速动比率(%)	长期资产适合率(%)	销售增长率(%)	资本积累率(%)	总资产增长率(%)
5.28	58.37	72.48	64.08	101.99	5.44	3.65	6.09
8.09	55.60	100.42	91.63	140.48	20.63	5.05	10.58
9.98	49.98	79.14	71.51	123.24	6.49	6.70	5.28
14.20	43.17	132.98	127.70	175.71	1.51	2.60	3.51
12.96	47.98	97.78	92.86	124.83	12.56	4.01	13.00
17.68	39.53	105.50	99.83	170.38	3.10	12.92	19.36
9.12	54.52	100.52	89.02	143.90	−2.16	6.23	9.89
11.67	56.37	90.06	83.02	121.93	11.89	4.81	11.49
11.19	54.97	65.64	59.53	96.37	5.98	7.77	15.55
10.98	37.49	82.84	77.12	113.92	13.28	−0.18	1.97
10.13	45.07	84.72	78.27	114.13	7.79	0.82	2.02
8.39	44.46	85.27	75.33	113.98	8.63	4.49	8.11
4.43	47.53	78.32	73.87	94.29	15.77	4.51	9.67
9.37	54.86	84.81	67.61	102.85	16.19	0.93	6.05
10.08	44.24	75.67	68.71	110.53	10.51	12.55	10.39
5.71	20.28	34.14	22.02	100.88	−14.45	−0.86	−1.04

2012 年度全国旅游行业经济效益

地　区	财务效益				资产营运状况		
	净资产收益率(%)	总资产报酬率(%)	销售(营业)利润率(%)	成本费用利润率(%)	总资产周转率(%)	流动资产周转率(%)	存　货周转率(次)
全　国	1.87	2.20	2.15	2.84	44.28	126.01	7.32
北　京	4.67	2.93	4.48	5.06	57.98	140.16	9.58
天　津	11.57	5.83	15.78	18.59	31.74	115.06	8.12
河　北	−4.55	−1.51	−8.23	−4.32	38.99	127.44	10.49
山　西	−1.62	−0.16	−1.51	−0.95	67.76	147.06	6.47
内蒙古	4.92	4.34	1.62	7.67	41.12	117.99	5.42
辽　宁	−0.35	2.59	2.44	4.61	57.52	169.55	3.67
吉　林	0.44	0.64	1.41	1.18	54.17	216.21	17.94
黑龙江	−1.21	−0.30	−1.08	−0.85	34.30	107.36	3.67
上　海	−2.44	1.03	−5.30	−1.34	44.20	88.30	12.16
江　苏	4.85	3.67	4.74	5.05	61.81	188.81	9.52
浙　江	2.44	3.59	2.85	3.23	59.28	162.17	10.75
安　徽	3.50	2.67	5.84	5.53	38.32	115.93	8.73
福　建	0.03	1.04	−0.57	0.91	40.92	81.28	10.74
江　西	−3.53	−2.10	−9.44	−8.31	25.15	138.62	6.45
山　东	1.00	0.79	0.53	1.06	71.87	222.94	7.24

评价主要财务指标表（二星级饭店）

	偿债能力状况				发展能力状况		
应收账款周转率(次)	资产负债率(%)	流动比率(%)	速动比率(%)	长期资产适合率(%)	销售增长率(%)	资本积累率(%)	总资产增长率(%)
8.90	53.69	84.49	77.42	120.41	4.46	4.27	4.28
32.89	56.09	79.25	76.46	116.55	13.42	4.48	7.65
12.74	56.65	59.70	57.60	72.41	33.59	12.28	1.38
4.11	58.59	57.40	53.92	118.70	0.41	–3.24	4.08
10.44	49.66	102.82	88.42	123.61	4.60	–4.24	–6.20
3.61	45.36	97.77	89.35	131.10	22.39	6.55	8.55
108.88	65.21	97.13	80.57	139.06	19.51	–0.88	28.08
6.90	55.67	56.23	53.11	97.46	–8.13	–1.74	9.61
3.89	77.95	56.13	48.86	179.01	2.28	–7.30	32.01
19.56	60.06	132.21	128.69	166.62	–5.45	–3.62	1.89
13.63	45.08	75.07	66.76	102.92	1.62	–0.56	–4.64
14.97	53.05	77.90	71.64	110.15	–1.99	1.52	–2.49
7.18	52.53	102.31	96.55	123.22	–11.01	0.80	2.17
9.40	47.96	129.95	125.43	159.92	20.69	7.57	9.85
8.49	36.92	76.05	69.55	115.85	–4.67	–2.14	6.80
7.51	44.12	72.95	60.27	99.76	8.14	1.92	–0.56

地区	财务效益				资产营运状况		
	净资产收益率(%)	总资产报酬率(%)	销售(营业)利润率(%)	成本费用利润率(%)	总资产周转率(%)	流动资产周转率(%)	存货周转率(次)
河南	–4.30	–0.44	–3.34	–2.70	46.30	92.39	10.29
湖北	7.34	4.66	6.47	7.04	61.74	175.15	5.12
湖南	7.92	6.10	8.85	8.57	66.19	239.06	7.19
广东	–13.07	–2.19	–13.04	–12.37	20.46	64.75	9.06
广西	1.25	1.13	2.11	1.76	56.44	170.98	16.87
海南	–2.86	–0.24	–7.23	–6.74	25.48	102.12	2.33
重庆	–0.64	0.37	–1.39	–0.56	36.69	244.28	8.10
四川	6.27	4.12	8.44	8.78	39.29	100.27	5.89
贵州	9.28	6.58	10.07	11.29	54.27	157.92	9.45
云南	2.58	2.61	3.71	4.94	36.08	125.44	7.44
陕西	2.39	2.21	2.61	2.65	48.37	153.60	4.20
甘肃	–0.11	3.21	0.54	0.40	35.41	111.26	4.07
青海	0.15	0.15	0.21	0.27	43.24	214.01	20.67
宁夏	6.58	4.44	6.90	7.06	67.58	573.77	5.77
新疆	–0.12	2.43	0.63	0.68	38.72	99.27	9.68
西藏	—	—	—	—	—	—	—

续表

	偿债能力状况				发展能力状况		
应收账款周转率(次)	资产负债率(%)	流动比率(%)	速动比率(%)	长期资产适合率(%)	销售增长率(%)	资本积累率(%)	总资产增长率(%)
8.48	63.25	104.49	99.13	137.57	–5.29	7.53	0.97
14.68	45.11	107.56	86.73	141.95	9.92	28.42	15.80
9.59	36.44	92.54	77.89	117.85	2.75	5.68	2.72
12.90	76.22	53.22	51.08	122.49	10.11	–2.37	5.67
16.32	31.50	134.67	129.37	132.13	3.67	2.23	3.63
1.43	36.11	150.77	133.02	111.39	–7.88	–2.82	–1.11
15.10	64.21	29.19	25.62	61.73	11.34	–0.58	1.74
5.17	59.10	116.09	105.42	178.46	8.23	6.08	4.86
5.01	43.75	113.33	102.36	118.47	–0.85	9.25	16.93
10.45	42.55	92.57	84.70	112.19	2.26	6.06	3.26
7.09	52.66	64.85	55.95	106.72	4.93	9.99	12.38
6.01	55.55	61.54	52.32	76.57	6.43	2.56	3.44
110.50	27.53	88.91	83.94	104.48	3.24	4.88	5.29
—	51.63	19.42	16.94	53.76	–11.05	6.80	2.09
20.20	59.89	77.11	71.54	103.44	4.77	–2.50	9.14
—	—	—	—	—	—	—	—

2012 年度全国旅游行业经济效益

地　区	财务效益				资产营运状况		
	净资产收益率(%)	总资产报酬率(%)	销售(营业)利润率(%)	成本费用利润率(%)	总资产周转率(%)	流动资产周转率(%)	存　货周转率(次)
全　国	6.99	3.90	2.01	9.39	39.59	182.98	5.79
北　京	8.45	10.14	11.31	12.75	89.69	272.83	37.64
天　津	-10.97	-7.94	-32.45	-4.05	148.00	891.99	13.11
河　北	17.88	5.03	15.75	20.35	28.11	125.88	2.24
山　西	—	—	—	—	—	—	—
内蒙古	15.33	13.73	22.25	28.61	61.73	937.72	29.84
辽　宁	—	—	—	—	—	—	—
吉　林	12.06	3.32	-8.81	21.63	14.12	116.60	23.01
黑龙江	21.73	20.36	22.92	29.74	85.45	325.34	10.54
上　海	2.42	1.03	1.42	1.42	73.41	281.70	4.41
江　苏	—	—	—	—	—	—	—
浙　江	0.92	3.96	0.36	1.29	91.68	247.81	2.87
安　徽	0.06	0.09	0.13	0.22	40.82	99.82	19.58
福　建	4.49	5.58	10.71	11.99	52.08	239.22	11.03
江　西	—	—	—	—	—	—	—
山　东	—	—	—	—	—	—	—

评价主要财务指标表（一星级饭店）

	偿债能力状况				发展能力状况		
应收账款周转率(次)	资产负债率(%)	流动比率(%)	速动比率(%)	长期资产适合率(%)	销售增长率(%)	资本积累率(%)	总资产增长率(%)
18.65	53.02	47.63	39.36	82.61	10.47	4.49	3.33
—	11.86	306.91	301.79	158.35	–0.84	8.83	4.40
37.32	34.53	53.39	33.13	81.38	51.30	–7.53	13.31
4.53	74.29	264.14	203.89	119.47	–28.90	5.67	–0.52
—	—	—	—	—	—	—	—
34.78	18.68	32.78	26.77	107.84	65.50	–1.48	18.10
—	—	—	—	—	—	—	—
58.33	72.85	16.57	16.03	38.44	9.25	–3.48	–0.65
—	29.45	110.46	108.62	122.21	4.48	24.33	10.95
38.25	77.21	38.89	34.38	132.10	4.97	2.45	20.25
—	—	—	—	—	—	—	—
29.43	43.42	87.71	31.71	92.77	6.43	24.50	50.60
31.89	28.28	125.07	121.12	113.14	5.62	–1.49	–13.52
29.11	9.22	278.62	241.85	243.65	34.51	4.59	10.08
—	—	—	—	—	—	—	—
—	—	—	—	—	—	—	—

地　区	财务效益				资产营运状况		
	净资产收益率(%)	总资产报酬率(%)	销售(营业)利润率(%)	成本费用利润率(%)	总资产周转率(%)	流动资产周转率(%)	存　货周转率(次)
河　南	—	—	—	—	—	—	—
湖　北	25.92	17.87	26.68	36.38	66.99	441.73	26.75
湖　南	18.99	13.73	22.81	29.55	56.98	303.54	4.73
广　东	–14.38	–3.01	–13.17	–11.64	22.89	243.74	3.17
广　西	—	—	—	—	—	—	—
海　南	–21.02	–7.60	–31.67	–25.84	22.33	37.36	0.52
重　庆	–16.50	–6.35	–18.50	–5.64	94.98	397.12	30.04
四　川	—	—	—	—	—	—	—
贵　州	—	—	—	—	—	—	—
云　南	1.43	1.14	–5.24	3.84	25.74	171.87	9.92
陕　西	—	—	—	—	—	—	—
甘　肃	7.26	6.71	11.54	15.20	49.90	176.76	11.53
青　海	—	—	—	—	—	—	—
宁　夏	—	—	—	—	—	—	—
新　疆	–4.56	–0.96	–2.83	–2.67	35.22	132.27	8.18
西　藏	—	—	—	—	—	—	—

续表

	偿债能力状况				发展能力状况		
应收账款周转率(次)	资产负债率(%)	流动比率(%)	速动比率(%)	长期资产适合率(%)	销售增长率(%)	资本积累率(%)	总资产增长率(%)
—	—	—	—	—	—	—	—
47.21	18.17	96.41	94.78	99.66	128.35	35.23	–6.07
11.68	30.02	79.66	64.19	97.32	68.10	17.51	7.36
7.66	77.82	10.50	7.86	30.38	124.42	–1.30	–8.18
—	—	—	—	—	—	—	—
18.05	67.48	75.52	49.89	78.58	6.68	–17.90	0.49
7.57	63.37	36.81	36.81	47.77	15.16	–15.25	–7.05
—	—	—	—	—	—	—	—
—	—	—	—	—	—	—	—
12.24	32.88	40.40	34.25	102.58	–3.28	6.26	12.57
—	—	—	—	—	—	—	—
3.06	8.71	342.79	324.53	150.27	7.51	6.63	4.61
—	—	—	—	—	—	—	—
—	—	—	—	—	—	—	—
16.06	79.25	37.15	35.18	65.69	–4.27	–4.46	–0.59
—	—	—	—	—	—	—	—

2012 年度全国旅游行业经济效益

地　区	财务效益				资产营运状况		
	净资产收益率(%)	总资产报酬率(%)	销售(营业)利润率(%)	成本费用利润率(%)	总资产周转率(%)	流动资产周转率(%)	存　货周转率(次)
全　国	0.02	1.09	0.20	0.77	36.14	108.41	4.47
北　京	–2.17	–0.40	–2.07	–2.03	20.60	90.43	7.31
天　津	—	—	—	—	—	—	—
河　北	–1.84	–1.64	–54.26	–35.17	3.02	13.03	0.22
山　西	17.20	9.43	34.64	53.00	27.22	241.97	8.05
内蒙古	—	—	—	—	—	—	—
辽　宁	8.68	5.68	8.69	9.75	63.67	170.71	2.49
吉　林	–1.61	3.17	4.21	9.64	19.53	42.13	5.16
黑龙江	—	—	—	—	—	—	—
上　海	5.07	3.56	4.65	5.89	55.63	131.99	13.68
江　苏	–3.93	–0.62	–7.18	–4.81	31.57	98.29	8.81
浙　江	–3.88	0.04	–5.17	–3.74	32.70	105.60	6.84
安　徽	0.24	2.21	2.28	1.17	42.72	124.17	4.00
福　建	1.98	1.96	3.15	3.74	31.87	161.55	4.83
江　西	—	—	—	—	—	—	—
山　东	–8.74	–4.61	–19.16	–15.55	29.97	97.96	1.84

评价主要财务指标表（未评星级饭店）

	偿债能力状况				发展能力状况		
应收账款周转率(次)	资产负债率(%)	流动比率(%)	速动比率(%)	长期资产适合率(%)	销售增长率(%)	资本积累率(%)	总资产增长率(%)
16.16	55.89	98.80	91.41	145.32	14.06	−0.97	6.07
34.30	66.29	94.23	90.63	107.51	2.55	−1.69	0.54
—	—	—	—	—	—	—	—
12.82	11.23	209.52	185.61	667.12	197.42	−1.82	−1.34
8.24	45.94	27.20	23.78	85.52	3.00	−3.54	−0.86
—	—	—	—	—	—	—	—
13.82	33.88	148.96	128.84	161.90	16.24	9.17	5.46
5.74	62.37	88.13	86.85	102.72	19.11	−14.21	5.87
—	—	—	—	—	—	—	—
11.57	48.16	128.01	124.71	173.37	9.41	5.61	7.89
25.03	55.09	102.15	98.84	137.54	17.69	−2.81	7.73
30.20	67.31	67.46	64.39	138.22	14.76	−9.82	7.34
5.18	42.79	82.55	65.18	121.77	13.91	0.24	21.61
21.04	66.90	77.60	70.91	118.92	11.84	1.01	2.51
—	—	—	—	—	—	—	—
7.08	35.78	73.66	53.39	113.18	33.29	−6.84	−4.72

地区	财务效益				资产营运状况		
	净资产收益率(%)	总资产报酬率(%)	销售(营业)利润率(%)	成本费用利润率(%)	总资产周转率(%)	流动资产周转率(%)	存货周转率(次)
河南	-0.47	0.27	-0.87	-0.78	34.63	152.80	2.35
湖北	-14.98	-1.94	-17.77	-15.19	20.22	51.74	2.07
湖南	-9.75	-1.50	-12.39	-9.63	26.11	111.67	4.41
广东	0.55	1.48	2.01	1.33	43.09	154.57	7.02
广西	-2.15	1.29	-0.74	-0.71	57.54	189.65	16.00
海南	-12.43	-3.66	-20.94	-17.42	17.37	28.71	0.26
重庆	6.60	4.58	8.49	9.66	33.60	102.95	4.47
四川	5.90	5.19	11.90	14.87	26.95	76.07	9.92
贵州	-6.62	-2.28	-44.38	-30.39	5.97	11.98	3.93
云南	-2.67	-1.09	-7.25	-9.35	12.46	80.72	13.48
陕西	-30.99	-7.51	-28.92	-21.07	27.66	110.81	3.06
甘肃	-4.44	-2.02	-10.57	-9.59	27.04	138.02	0.73
青海	—	—	—	—	—	—	—
宁夏	—	—	—	—	—	—	—
新疆	—	—	—	—	—	—	—
西藏	—	—	—	—	—	—	—

续表

	偿债能力状况				发展能力状况		
应收账款周转率(次)	资产负债率(%)	流动比率(%)	速动比率(%)	长期资产适合率(%)	销售增长率(%)	资本积累率(%)	总资产增长率(%)
4.99	21.67	88.84	76.40	98.42	12.62	0.64	–0.85
27.44	76.08	100.00	92.30	122.45	47.04	1.84	6.43
43.33	61.69	55.01	51.81	151.19	94.12	33.23	–12.28
22.90	49.75	123.88	111.66	180.79	13.90	–9.84	7.15
7.95	82.98	36.71	35.51	62.33	41.09	–3.38	70.97
13.44	70.90	127.02	98.41	152.74	–7.42	1.20	9.53
44.28	56.37	70.28	64.95	119.26	93.21	6.64	5.49
17.09	42.64	114.63	111.63	157.51	3.21	–2.40	–4.67
24.58	63.78	138.61	135.77	275.15	–37.35	–20.45	2.27
11.87	53.04	48.87	47.54	189.80	–13.84	30.37	30.38
12.48	79.39	36.40	33.65	30.10	5.73	–26.83	–1.13
—	35.19	135.12	90.92	104.34	6.25	–4.24	–4.66
—	—	—	—	—	—	—	—
—	—	—	—	—	—	—	—
—	—	—	—	—	—	—	—
—	—	—	—	—	—	—	—

2012 年度全国旅游行业经济效益

地　区	财务效益				资产营运状况		
	净资产收益率(%)	总资产报酬率(%)	销售(营业)利润率(%)	成本费用利润率(%)	总资产周转率(%)	流动资产周转率(%)	存　货周转率(次)
全　国	9.98	6.00	10.46	12.45	46.31	94.88	1.25
北　京	8.33	6.66	2.59	2.94	214.72	347.09	21.44
天　津	—	—	—	—	—	—	—
河　北	—	—	—	—	—	—	—
山　西	—	—	—	—	—	—	—
内蒙古	—	—	—	—	—	—	—
辽　宁	—	—	—	—	—	—	—
吉　林	13.83	6.38	14.65	26.13	28.53	60.55	1.02
黑龙江	0.57	1.53	0.55	3.81	33.92	109.52	26.22
上　海	2.25	2.00	2.20	3.12	64.24	173.09	62.85
江　苏	6.36	5.95	11.05	18.20	21.98	50.36	0.86
浙　江	9.29	5.85	12.36	14.84	35.06	74.68	1.18
安　徽	13.24	5.48	19.20	24.48	24.66	60.57	0.89
福　建	—	—	—	—	—	—	—
江　西	—	—	—	—	—	—	—
山　东	0.54	0.69	1.81	11.12	5.94	90.56	4.57

评价主要财务指标表（旅游集团）

	偿债能力状况				发展能力状况		
应收账款周转率(次)	资产负债率(%)	流动比率(%)	速动比率(%)	长期资产适合率(%)	销售增长率(%)	资本积累率(%)	总资产增长率(%)
23.41	59.57	132.31	64.48	221.03	20.13	12.33	14.48
15.17	53.85	114.33	101.83	169.74	21.85	6.74	-1.10
—	—	—	—	—	—	—	—
—	—	—	—	—	—	—	—
—	—	—	—	—	—	—	—
—	—	—	—	—	—	—	—
—	—	—	—	—	—	—	—
31.64	59.87	118.53	92.66	250.08	3.25	29.89	17.10
6.72	85.39	47.02	45.96	60.87	34.22	16.30	8.91
46.82	31.36	125.46	123.22	188.91	12.60	4.96	5.03
11.84	49.30	138.98	84.60	185.85	5.16	6.44	14.75
36.01	64.78	121.04	70.12	155.26	11.66	12.39	16.61
44.88	59.24	146.91	88.06	252.18	13.89	38.01	17.10
—	—	—	—	—	—	—	—
—	—	—	—	—	—	—	—
33.38	14.86	77.29	71.61	1678.66	45.77	2.35	5.53

地 区	财务效益				资产营运状况		
	净资产收益率(%)	总资产报酬率(%)	销售(营业)利润率(%)	成本费用利润率(%)	总资产周转率(%)	流动资产周转率(%)	存 货周转率(次)
河 南	3.74	2.18	3.56	3.69	61.12	206.48	24.63
湖 北	5.95	5.47	13.31	17.07	35.36	161.09	32.81
湖 南	—	—	—	—	—	—	—
广 东	21.25	8.53	23.77	30.56	32.91	51.49	0.32
广 西	3.90	4.71	12.01	15.46	21.16	71.88	1.73
海 南	—	—	—	—	—	—	—
重 庆	0.81	0.82	-2.68	7.09	8.22	34.33	0.65
四 川	12.42	11.95	13.60	15.49	85.47	443.07	35.85
贵 州	5.27	1.33	5.14	4.77	29.00	79.76	13.19
云 南	-0.25	2.17	0.48	0.67	49.06	178.56	99.36
陕 西	6.81	4.51	4.03	5.33	54.22	142.96	11.71
甘 肃	-0.47	-0.18	-2.93	-2.84	6.25	40.62	—
青 海	5.76	3.04	15.08	16.14	22.19	51.03	31.78
宁 夏	—	—	—	—	—	—	—
新 疆	—	—	—	—	—	—	—
西 藏	—	—	—	—	—	—	—

续表

	偿债能力状况				发展能力状况		
应收账款周转率(次)	资产负债率(%)	流动比率(%)	速动比率(%)	长期资产适合率(%)	销售增长率(%)	资本积累率(%)	总资产增长率(%)
18.13	50.89	64.06	61.02	107.31	55.14	17.15	77.56
80.52	30.49	204.13	199.84	229.40	19.50	29.16	23.59
—	—	—	—	—	—	—	—
69.97	69.95	143.89	34.72	262.43	28.56	21.20	16.29
5.02	32.25	119.27	83.73	150.16	–1.94	1.34	–7.49
—	—	—	—	—	—	—	—
8.93	52.58	211.45	128.33	416.35	34.72	2.06	21.67
62.79	18.10	119.40	109.27	145.63	29.17	10.16	3.94
35.57	84.84	92.03	89.88	182.36	19.04	6.05	32.50
27.38	59.97	91.06	89.85	128.44	–1.05	–4.81	11.54
18.39	57.76	83.74	78.56	170.27	15.06	14.35	23.22
0.63	61.44	136.31	136.19	177.19	16.12	–0.50	0.54
12.96	66.30	482.02	479.28	242.35	32.93	10.65	46.33
—	—	—	—	—	—	—	—
—	—	—	—	—	—	—	—
—	—	—	—	—	—	—	—

2012 年度全国旅游行业经济效益

地区	财务效益				资产营运状况		
	净资产收益率(%)	总资产报酬率(%)	销售(营业)利润率(%)	成本费用利润率(%)	总资产周转率(%)	流动资产周转率(%)	存货周转率(次)
全国	4.66	3.77	11.56	15.72	19.96	59.10	1.56
北京	1.20	1.73	−1.65	3.53	19.18	84.09	15.15
天津	2.86	2.83	4.77	12.22	24.22	87.75	5.07
河北	9.74	6.30	16.44	24.07	27.31	105.94	2.12
山西	−3.84	−0.90	−11.96	−8.60	11.53	33.22	1.88
内蒙古	3.56	2.65	12.51	18.16	12.34	32.08	2.08
辽宁	1.37	2.33	6.67	7.09	27.17	82.23	6.01
吉林	−2.75	−0.37	−16.54	−8.19	13.35	60.82	5.68
黑龙江	5.10	4.52	13.44	18.67	27.72	214.92	17.74
上海	6.53	3.83	17.45	24.82	16.33	48.95	0.46
江苏	−1.03	0.59	−12.83	−2.12	10.93	26.43	1.51
浙江	3.98	3.73	18.27	24.71	13.85	44.52	1.62
安徽	3.85	3.72	10.02	11.49	24.74	75.58	1.29
福建	4.37	3.88	9.95	11.64	31.22	61.94	0.71
江西	10.17	8.27	17.42	20.94	44.56	105.51	2.17
山东	4.61	4.49	13.30	16.93	18.90	50.75	2.15

评价主要财务指标表（全部旅游景区）

	偿债能力状况				发展能力状况		
应收账款周转率(次)	资产负债率(%)	流动比率(%)	速动比率(%)	长期资产适合率(%)	销售增长率(%)	资本积累率(%)	总资产增长率(%)
11.59	53.87	103.27	87.05	171.94	19.32	11.52	19.66
26.22	63.12	140.83	139.03	137.82	4.74	8.94	4.50
5.09	30.15	94.75	88.74	191.51	13.83	9.18	13.75
9.43	46.33	81.18	67.41	128.87	8.24	19.26	25.15
10.12	74.63	53.55	49.93	93.42	47.86	–9.34	17.68
3.55	50.60	110.54	104.91	185.13	23.61	13.93	25.64
21.87	23.27	158.61	151.13	239.96	1.07	2.42	2.91
20.75	53.61	49.86	47.72	124.19	13.70	–1.08	5.91
9.49	22.32	116.16	107.46	138.68	22.61	4.74	13.24
34.18	58.63	103.65	52.16	176.68	13.92	5.98	10.65
4.17	65.07	101.79	93.67	170.61	32.48	14.97	42.62
16.24	46.99	88.81	82.56	167.15	11.69	4.19	8.70
13.11	52.58	94.17	63.94	164.66	26.00	43.86	31.87
5.95	50.90	109.94	56.14	209.70	–11.35	17.45	24.32
9.34	39.90	144.85	104.07	203.52	14.91	18.85	25.18
17.22	56.84	124.55	111.44	208.56	38.14	8.48	16.58

地　区	财务效益				资产营运状况		
	净资产收益率(%)	总资产报酬率(%)	销售(营业)利润率(%)	成本费用利润率(%)	总资产周转率(%)	流动资产周转率(%)	存　货周转率(次)
河　南	4.45	4.52	10.16	13.24	26.88	146.48	3.34
湖　北	4.24	3.90	11.78	13.89	21.82	79.23	8.97
湖　南	15.03	9.79	16.11	19.55	49.36	142.72	3.53
广　东	10.67	6.57	20.19	26.89	27.10	75.14	10.83
广　西	3.58	3.49	11.43	13.67	24.86	111.16	9.99
海　南	5.18	6.29	32.24	48.40	18.86	108.80	10.52
重　庆	0.96	1.79	4.67	5.52	11.78	35.41	1.10
四　川	1.60	2.73	0.66	3.92	19.84	56.78	0.69
贵　州	–1.65	0.87	–4.21	–2.03	24.84	74.26	7.84
云　南	5.56	4.10	18.63	24.25	16.49	56.57	1.23
陕　西	4.65	5.21	16.83	19.87	15.57	36.69	0.50
甘　肃	2.88	2.52	3.39	4.98	29.53	72.32	1.11
青　海	0.59	0.91	–88.27	10.55	3.04	25.33	19.25
宁　夏	11.20	8.87	26.09	32.91	31.23	161.72	21.17
新　疆	4.53	3.36	10.99	11.67	24.20	54.94	0.86
西　藏	—	—	—	—	—	—	—

续表

	偿债能力状况				发展能力状况		
应收账款周转率(次)	资产负债率(%)	流动比率(%)	速动比率(%)	长期资产适合率(%)	销售增长率(%)	资本积累率(%)	总资产增长率(%)
19.66	44.87	59.88	48.17	131.97	15.10	15.48	18.33
13.07	49.30	89.24	86.85	190.58	35.36	16.25	17.30
19.61	56.70	103.43	81.86	182.70	36.53	18.49	19.55
25.98	52.70	125.42	122.11	151.67	5.93	3.16	5.01
15.37	35.78	93.19	88.47	146.58	11.89	13.95	11.81
38.01	13.18	184.99	182.17	528.07	25.30	4.72	3.09
12.03	62.25	116.08	92.77	241.71	13.61	6.10	35.36
12.81	58.94	77.93	49.51	113.88	33.38	15.92	12.83
14.66	54.50	89.56	85.99	141.05	20.91	17.25	12.36
10.01	49.91	122.00	108.37	221.27	57.96	26.30	34.83
17.34	53.29	183.66	134.20	194.66	23.60	2.66	16.71
7.88	65.84	65.36	39.65	106.30	15.26	3.10	6.60
5.53	32.26	46.76	45.99	119.71	24.84	11.62	25.92
58.39	35.96	88.09	86.49	164.25	24.78	35.22	20.86
10.32	58.81	94.45	68.72	151.36	21.73	13.61	24.48
—	—	—	—	—	—	—	—

2012 年度全国旅游行业经济效益

地　区	财务效益				资产营运状况		
	净资产收益率(%)	总资产报酬率(%)	销售(营业)利润率(%)	成本费用利润率(%)	总资产周转率(%)	流动资产周转率(%)	存　货周转率(次)
全　国	3.34	3.12	10.03	12.98	19.32	57.52	2.84
北　京	1.03	1.12	1.41	2.65	24.80	80.45	5.09
天　津	-0.50	-0.29	-4.46	-4.67	6.98	24.96	165.03
河　北	2.53	2.85	4.65	8.86	17.78	84.91	2.68
山　西	-8.62	-2.77	-40.64	-26.12	7.61	21.33	2.54
内蒙古	4.13	3.27	15.37	19.54	14.54	36.31	3.19
辽　宁	1.32	2.32	6.60	7.02	27.20	81.17	6.01
吉　林	-9.84	-4.47	-30.60	-22.99	14.92	51.65	22.07
黑龙江	5.10	4.52	13.44	18.67	27.72	214.92	17.74
上　海	-0.23	0.19	-26.25	-0.57	5.64	26.58	0.52
江　苏	0.62	1.32	2.20	4.29	14.71	23.85	3.08
浙　江	3.36	3.62	14.47	20.91	15.48	50.67	2.39
安　徽	-0.53	1.15	6.02	2.19	22.42	50.87	1.10
福　建	1.00	1.52	2.39	3.44	25.08	93.57	2.48
江　西	10.21	8.65	27.79	38.50	27.68	89.47	14.93
山　东	1.56	1.43	0.77	5.32	17.10	47.78	1.42

评价主要财务指标表（自然类旅游景区）

	偿债能力状况				发展能力状况		
应收账款周转率(次)	资产负债率(%)	流动比率(%)	速动比率(%)	长期资产适合率(%)	销售增长率(%)	资本积累率(%)	总资产增长率(%)
11.01	51.12	105.77	97.60	190.08	25.27	12.93	19.35
9.77	68.30	66.14	64.75	186.91	2.72	1.54	6.51
—	34.74	96.89	96.87	187.11	28.96	13.12	26.18
6.80	50.11	62.05	55.71	124.05	12.14	19.86	22.03
8.60	72.75	55.52	52.90	82.93	43.75	–14.61	21.40
3.64	49.45	138.19	133.10	256.37	22.37	2.39	19.99
21.51	22.09	170.25	162.18	251.44	1.10	2.38	2.90
14.06	56.35	85.56	84.19	178.35	27.96	–6.40	5.77
9.49	22.32	116.16	107.46	138.68	22.61	4.74	13.24
11.24	52.80	51.04	36.19	203.59	34.61	1.38	2.65
2.81	56.49	183.10	175.25	307.35	40.18	32.80	49.34
40.93	49.35	88.21	85.13	191.57	13.94	2.36	9.34
9.41	48.42	129.04	101.02	215.23	58.16	65.17	40.78
13.40	47.00	80.31	66.26	181.70	11.52	26.48	36.07
3.99	43.67	70.14	68.86	150.01	17.61	16.03	22.75
26.27	49.70	100.41	78.84	184.99	33.18	4.98	15.47

地　区	财务效益				资产营运状况		
	净资产收益率(%)	总资产报酬率(%)	销售(营业)利润率(%)	成本费用利润率(%)	总资产周转率(%)	流动资产周转率(%)	存　货周转率(次)
河　南	4.00	4.12	7.01	10.33	28.19	160.34	4.17
湖　北	4.31	4.03	13.52	16.50	19.54	85.96	6.77
湖　南	19.57	12.97	23.24	28.78	47.51	149.28	4.47
广　东	3.99	3.16	8.97	11.57	21.45	45.51	8.92
广　西	5.19	4.50	13.97	17.13	26.71	103.96	11.45
海　南	5.16	6.46	32.83	49.86	18.96	131.21	11.13
重　庆	0.48	1.70	4.92	4.61	9.94	25.11	6.91
四　川	1.81	2.59	1.76	7.33	16.16	68.16	4.57
贵　州	−2.57	0.30	−5.71	−3.57	24.90	78.56	8.07
云　南	7.01	4.41	19.95	25.41	17.02	50.95	0.79
陕　西	1.70	1.82	6.03	7.13	19.42	89.74	7.82
甘　肃	3.40	2.34	2.43	4.31	32.66	80.68	1.85
青　海	−4.56	−0.26	−56.61	−36.15	0.46	1.84	2.46
宁　夏	8.20	7.07	21.70	23.71	35.41	320.67	15.36
新　疆	−1.03	0.62	0.15	−1.43	24.85	73.91	8.14
西　藏	—	—	—	—	—	—	—

续表

	偿债能力状况				发展能力状况		
应收账款周转率(次)	资产负债率(%)	流动比率(%)	速动比率(%)	长期资产适合率(%)	销售增长率(%)	资本积累率(%)	总资产增长率(%)
19.42	46.68	55.83	45.87	117.75	12.52	16.64	19.35
10.59	48.68	76.92	74.48	186.90	28.76	22.59	23.56
52.20	56.66	111.28	98.65	169.58	57.32	28.57	27.26
16.28	62.57	135.69	132.50	172.75	11.15	–0.21	–4.16
18.66	38.69	88.80	85.08	127.95	12.69	22.61	17.70
41.23	11.50	194.99	191.63	549.53	27.01	4.68	2.97
9.33	63.04	123.11	121.21	363.80	15.96	4.99	56.11
11.40	54.91	64.70	61.21	108.46	9.54	20.01	21.49
13.15	53.25	99.66	95.67	144.88	22.36	18.86	12.55
25.52	56.70	137.35	119.20	253.93	100.71	34.37	43.17
10.86	37.41	76.77	73.16	195.99	29.24	–1.59	5.68
11.66	64.84	76.78	49.54	97.27	19.13	–2.29	8.70
—	95.11	6.77	6.68	11.81	64.11	–4.46	34.39
41.39	27.53	46.65	44.85	144.80	21.31	23.63	15.25
11.44	48.29	95.36	90.33	181.67	9.74	16.40	31.07
—	—	—	—	—	—	—	—

2012 年度全国旅游行业经济效益

地　区	财务效益				资产营运状况		
	净资产收益率(%)	总资产报酬率(%)	销售(营业)利润率(%)	成本费用利润率(%)	总资产周转率(%)	流动资产周转率(%)	存　货周转率(次)
全　国	4.03	3.51	6.10	17.15	13.80	36.36	0.95
北　京	8.09	3.19	6.24	6.76	46.43	74.27	41.03
天　津	—	—	—	—	—	—	—
河　北	–3.17	–1.54	–16.67	–15.83	8.36	20.99	87.46
山　西	24.65	4.55	16.74	21.44	21.09	59.64	0.84
内蒙古	0.74	0.31	–28.73	5.72	3.99	10.21	0.59
辽　宁	—	—	—	—	—	—	—
吉　林	—	—	—	—	—	—	—
黑龙江	—	—	—	—	—	—	—
上　海	–16.56	–7.76	–82.06	–20.61	21.16	80.91	43.32
江　苏	0.39	0.87	–44.07	2.71	6.54	18.88	0.76
浙　江	–0.62	0.86	–3.24	–0.40	19.08	50.62	3.01
安　徽	9.43	7.77	31.53	45.79	23.34	163.30	92.77
福　建	–4.56	–0.39	–27.08	–16.46	11.77	17.86	116.41
江　西	–1.83	–0.92	–9.30	–10.75	7.81	5.91	0.11
山　东	10.74	9.67	32.63	48.41	22.70	61.62	5.77

评价主要财务指标表（文物类旅游景区）

	偿债能力状况				发展能力状况		
应收账款周转率(次)	资产负债率(%)	流动比率(%)	速动比率(%)	长期资产适合率(%)	销售增长率(%)	资本积累率(%)	总资产增长率(%)
9.96	56.67	112.52	97.44	239.46	24.80	16.55	34.98
217.80	66.42	386.77	383.71	622.83	3.45	8.18	8.76
—	—	—	—	—	—	—	—
9.08	52.64	67.88	67.76	93.18	16.64	–3.16	26.01
12.07	84.00	50.34	43.46	155.43	59.52	24.33	12.66
10.88	56.98	53.38	46.69	71.93	53.10	124.66	56.59
—	—	—	—	—	—	—	—
—	—	—	—	—	—	—	—
—	—	—	—	—	—	—	—
186.82	55.02	52.71	51.75	478.85	1.56	–15.29	–5.45
2.83	62.60	83.00	75.99	321.65	41.87	13.69	59.22
19.26	63.81	114.42	106.32	270.22	39.67	69.34	67.97
17.68	37.95	97.73	96.99	165.99	66.23	25.77	17.11
34.69	42.27	141.93	141.77	219.51	56.54	1.15	–11.21
48.65	51.83	516.78	317.87	1050.04	358.67	30.77	43.17
87.27	44.49	218.91	213.16	247.31	16.06	7.63	7.13

地区	财务效益				资产营运状况		
	净资产收益率(%)	总资产报酬率(%)	销售(营业)利润率(%)	成本费用利润率(%)	总资产周转率(%)	流动资产周转率(%)	存货周转率(次)
河南	0.33	0.41	3.14	3.27	11.23	52.28	0.74
湖北	0.22	1.51	0.63	1.32	14.08	32.83	12.98
湖南	10.95	8.34	17.57	23.57	37.01	77.05	2.28
广东	1.93	1.91	7.00	7.49	27.43	174.59	77.42
广西	−4.29	−2.18	−133.00	−57.08	2.03	271.44	235.43
海南	—	—	—	—	—	—	—
重庆	2.00	1.11	7.44	11.24	10.67	69.55	17.09
四川	0.69	3.59	5.36	7.70	12.54	63.86	3.12
贵州	—	—	—	—	—	—	—
云南	9.81	9.87	31.04	46.55	26.88	77.46	1.98
陕西	9.13	8.45	36.67	51.60	11.24	17.95	0.16
甘肃	−6.18	−3.61	−30.43	−23.33	11.86	42.70	0.68
青海	0.64	1.08	−88.88	11.30	3.40	33.60	20.87
宁夏	19.80	12.28	37.91	63.13	24.78	80.40	52.28
新疆	17.10	18.64	54.41	115.72	35.19	217.34	2.03
西藏	—	—	—	—	—	—	—

续表

	偿债能力状况				发展能力状况		
应收账款周转率(次)	资产负债率(%)	流动比率(%)	速动比率(%)	长期资产适合率(%)	销售增长率(%)	资本积累率(%)	总资产增长率(%)
58.79	30.75	81.88	48.16	359.02	31.21	1.87	4.96
20.20	54.33	198.87	196.08	285.61	43.27	0.73	11.23
30.53	46.68	128.79	103.38	336.70	12.34	8.51	20.19
133.89	36.82	105.25	104.88	163.22	–1.38	3.70	9.62
—	37.86	13.60	13.43	417.23	–2.62	–4.07	–1.82
—	—	—	—	—	—	—	—
4.14	41.21	59.05	58.09	153.11	16.93	36.70	19.37
2.27	27.38	130.23	125.58	201.53	45.51	0.21	6.68
—	—	—	—	—	—	—	—
6.34	30.28	123.93	114.31	199.28	–7.87	3.74	13.90
—	66.08	402.50	263.17	201.09	12.92	9.60	28.85
159.63	43.01	77.97	77.14	94.06	8.48	–5.80	–1.04
5.42	23.05	95.19	93.59	129.27	24.26	11.79	24.76
3427.85	49.10	162.80	161.74	202.66	33.37	75.45	31.76
86.08	2.02	438.23	362.75	117.86	42.65	19.95	15.18
—	—	—	—	—	—	—	—

2012 年度全国旅游行业经济效益

地　区	财务效益				资产营运状况		
	净资产收益率(%)	总资产报酬率(%)	销售(营业)利润率(%)	成本费用利润率(%)	总资产周转率(%)	流动资产周转率(%)	存　货周转率(次)
全　国	6.88	4.74	14.46	18.58	23.05	70.83	1.19
北　京	–0.04	1.59	–9.64	1.73	12.04	97.60	14.28
天　津	3.92	3.86	5.48	13.65	29.90	109.70	4.86
河　北	19.24	11.96	24.12	36.65	42.74	132.27	1.88
山　西	–4.77	–2.33	–13.06	–11.50	17.94	200.84	21.86
内蒙古	0.56	0.90	5.21	8.65	5.74	18.52	1.28
辽　宁	23.65	2.77	10.97	12.15	25.57	395.66	—
吉　林	4.73	4.25	3.92	21.41	11.57	81.84	0.84
黑龙江	—	—	—	—	—	—	—
上　海	10.74	5.72	23.64	30.36	21.68	54.17	0.44
江　苏	–4.98	–0.23	–12.26	–10.36	11.84	37.56	1.33
浙　江	4.98	4.22	29.03	37.48	11.27	36.16	1.05
安　徽	6.11	4.74	5.72	10.47	27.81	93.58	1.18
福　建	13.64	8.62	18.77	23.07	44.71	47.25	0.50
江　西	12.37	10.22	13.91	16.01	71.87	164.89	2.89
山　东	4.52	4.85	13.29	15.30	18.85	49.41	2.70

评价主要财务指标表（主题类旅游景区）

	偿债能力状况				发展能力状况		
应收账款周转率(次)	资产负债率(%)	流动比率(%)	速动比率(%)	长期资产适合率(%)	销售增长率(%)	资本积累率(%)	总资产增长率(%)
12.79	56.54	96.34	68.98	138.50	12.24	7.65	15.00
33.53	61.02	157.15	155.23	115.58	6.96	10.86	3.11
4.72	28.54	93.85	85.32	192.97	12.81	7.97	9.95
12.35	40.46	109.82	83.89	139.67	5.88	20.30	29.80
11.74	51.94	22.55	20.83	72.56	16.14	–4.06	–5.42
0.47	18.36	180.60	172.95	300.82	–7.73	2.87	–10.07
—	90.76	9.47	9.47	10.19	–0.94	26.82	3.50
66.47	50.52	24.03	21.34	84.62	–2.18	4.86	6.06
—	—	—	—	—	—	—	—
44.63	61.42	134.75	61.49	166.90	11.74	9.01	15.01
13.52	74.67	68.07	58.70	89.47	22.07	–2.37	25.24
7.92	41.49	84.90	74.61	139.14	3.90	2.30	2.30
16.75	63.18	68.77	33.49	122.30	–0.18	30.73	29.51
3.59	59.51	143.26	38.27	372.35	–27.26	1.89	11.18
19.91	32.67	226.59	134.22	213.80	11.54	19.31	23.54
11.36	65.54	128.57	121.16	212.56	53.44	12.61	20.73

地　区	财务效益				资产营运状况		
	净资产收益率(%)	总资产报酬率(%)	销售(营业)利润率(%)	成本费用利润率(%)	总资产周转率(%)	流动资产周转率(%)	存　货周转率(次)
河　南	12.58	10.82	26.83	34.60	34.93	178.67	13.06
湖　北	6.40	4.72	9.55	10.32	39.78	89.76	22.16
湖　南	12.21	7.23	9.95	12.25	55.18	168.64	3.50
广　东	16.28	11.46	30.03	44.29	35.09	169.75	14.03
广　西	4.30	4.68	10.95	12.77	40.78	137.53	6.30
海　南	5.70	3.24	20.52	23.89	17.12	23.42	3.95
重　庆	1.31	2.01	4.11	5.48	14.00	47.64	0.73
四　川	1.54	2.80	−1.22	−0.39	30.03	46.57	0.43
贵　州	5.46	4.56	5.66	9.26	24.49	54.04	5.11
云　南	2.91	2.85	12.89	18.24	14.31	75.26	6.09
陕　西	9.88	4.23	2.81	14.93	25.09	109.53	9.74
甘　肃	2.74	2.84	4.86	6.20	27.08	65.45	0.62
青　海	—	—	—	—	—	—	—
宁　夏	−1.12	0.06	−1.92	−1.80	26.22	50.03	3.11
新　疆	10.76	4.83	17.20	21.16	23.05	42.57	0.40
西　藏	—	—	—	—	—	—	—

续表

	偿债能力状况				发展能力状况		
应收账款周转率(次)	资产负债率(%)	流动比率(%)	速动比率(%)	长期资产适合率(%)	销售增长率(%)	资本积累率(%)	总资产增长率(%)
17.02	47.74	64.49	61.56	141.62	23.25	29.00	26.99
28.78	49.67	103.74	101.78	163.63	55.49	–6.52	–9.27
12.29	60.13	87.25	58.93	171.02	28.70	13.48	12.48
52.72	40.37	104.70	101.09	134.03	1.87	6.02	19.48
9.49	17.60	162.94	147.62	131.52	10.22	0.69	–0.24
14.25	42.92	154.80	153.62	249.01	–1.05	5.86	5.31
22.04	64.99	113.95	54.03	190.96	11.42	0.78	18.73
47.38	78.40	90.81	29.80	103.87	76.84	14.67	–2.34
67.42	62.63	53.62	51.56	109.30	12.17	5.61	11.15
3.93	35.61	83.38	80.58	171.35	10.61	17.63	20.26
12.74	63.47	41.68	39.03	97.51	43.63	9.39	8.80
5.80	67.37	56.13	31.33	120.84	11.27	9.76	4.88
—	—	—	—	—	—	—	—
38.09	29.09	235.13	231.60	162.38	27.44	–1.12	3.41
8.89	71.02	93.50	58.21	124.83	33.28	8.53	19.75
—	—	—	—	—	—	—	—

2012 年度全国旅游行业经济效益

地区	财务效益				资产营运状况		
	净资产收益率(%)	总资产报酬率(%)	销售(营业)利润率(%)	成本费用利润率(%)	总资产周转率(%)	流动资产周转率(%)	存货周转率(次)
全国	5.89	4.49	6.31	7.46	45.29	103.48	2.35
北京	—	—	—	—	—	—	—
天津	—	—	—	—	—	—	—
河北	10.59	8.29	9.12	10.79	71.08	104.16	1.65
山西	5.42	9.89	1.48	1.97	167.85	310.98	11.70
内蒙古	5.54	1.26	1.60	5.41	21.82	118.91	13.49
辽宁	—	—	—	—	—	—	—
吉林	1.59	0.93	0.45	0.45	208.41	923.08	—
黑龙江	0.76	0.82	3.10	3.20	26.54	29.18	—
上海	27.10	18.45	8.77	10.06	198.02	261.42	9.27
江苏	−5.95	1.05	−1.78	−1.44	101.55	197.07	9.79
浙江	−2.02	2.81	−1.14	0.88	25.58	53.19	0.49
安徽	35.77	18.28	24.22	33.11	63.50	165.95	3.57
福建	9.04	6.58	6.80	9.97	65.69	158.04	11.72
江西	−1.87	−0.95	−4.24	−3.78	26.73	41.52	0.46
山东	−1.70	−1.57	−31.44	−22.70	5.32	139.85	5.28

评价主要财务指标表（其他旅游企业）

	偿债能力状况				发展能力状况		
应收账款周转率(次)	资产负债率(%)	流动比率(%)	速动比率(%)	长期资产适合率(%)	销售增长率(%)	资本积累率(%)	总资产增长率(%)
15.81	57.72	128.19	90.00	151.22	14.17	5.26	15.64
—	—	—	—	—	—	—	—
—	—	—	—	—	—	—	—
4.13	51.21	136.20	90.32	239.54	19.91	13.37	12.57
92.72	45.65	160.87	144.12	154.54	−0.13	12.43	40.19
12.32	89.48	26.96	25.73	25.04	25.92	−34.87	21.93
—	—	—	—	—	—	—	—
10.64	53.35	48.91	48.91	63.12	−18.47	1.61	−10.18
—	16.69	500.00	500.00	—	6.10	0.76	20.94
27.72	48.14	153.01	118.43	203.37	−4.73	0.34	−1.18
33.73	72.90	118.15	98.26	223.60	−3.96	32.32	35.38
39.47	73.87	83.65	51.72	119.59	−8.04	−1.90	49.64
15.92	59.08	119.62	89.16	172.65	131.70	49.03	37.91
7.90	53.83	138.42	128.83	163.87	18.62	10.62	15.06
4.88	44.01	182.53	79.16	205.00	−13.83	−2.96	−1.09
6.85	4.42	98.05	70.87	102.36	35.68	−1.96	−0.83

地　区	财务效益				资产营运状况		
	净资产收益率(%)	总资产报酬率(%)	销售(营业)利润率(%)	成本费用利润率(%)	总资产周转率(%)	流动资产周转率(%)	存　货周转率(次)
河　南	18.97	9.25	14.93	16.19	39.74	76.35	1.48
湖　北	10.58	6.61	15.07	20.47	33.60	118.67	5.78
湖　南	9.59	6.31	5.88	6.44	95.55	256.17	4.09
广　东	–2.31	–0.32	–5.09	–2.63	23.87	111.61	1.33
广　西	12.63	7.17	33.33	56.61	19.09	38.98	16.38
海　南	—	—	—	—	—	—	—
重　庆	14.42	9.91	6.02	7.13	132.75	394.97	6.93
四　川	–0.18	1.98	–0.67	0.35	12.30	24.81	1.09
贵　州	5.34	5.91	8.70	11.46	46.83	135.40	2.87
云　南	–1.63	–0.49	–3.65	–2.97	19.03	28.66	0.16
陕　西	1.97	0.31	0.42	0.27	117.98	224.88	1.91
甘　肃	5.88	5.25	10.24	10.25	44.85	123.14	8.28
青　海	–0.50	–0.32	–1.28	–1.27	25.09	39.95	—
宁　夏	—	—	—	—	—	—	—
新　疆	7.66	1.98	3.84	5.37	38.20	65.21	1.27
西　藏	—	—	—	—	—	—	—

续表

	偿债能力状况				发展能力状况		
应收账款周转率(次)	资产负债率(%)	流动比率(%)	速动比率(%)	长期资产适合率(%)	销售增长率(%)	资本积累率(%)	总资产增长率(%)
9.14	68.79	85.85	67.49	109.65	16.64	6.70	14.46
20.05	50.45	149.55	136.46	201.55	87.77	63.21	55.98
18.22	38.86	124.98	55.47	126.94	7.03	23.67	–9.78
11.76	60.52	44.53	23.55	107.56	19.17	–5.69	9.58
9.18	59.61	119.06	118.52	145.69	12.59	6.74	62.63
—	—	—	—	—	—	—	—
54.59	47.54	87.92	47.91	245.98	14.65	–5.79	4.49
35.90	75.88	175.04	156.78	159.80	22.09	–16.67	5.54
9.26	37.86	148.22	105.24	213.02	11.48	11.23	12.91
18.38	59.72	186.41	23.33	247.50	31.16	–1.44	29.78
52.04	91.81	61.89	2.73	25.78	–23.68	–3.09	38.39
13.74	28.15	138.03	121.47	126.19	16.31	6.07	11.61
3.64	59.88	54.53	54.53	59.57	–12.70	–54.48	2.74
—	—	—	—	—	—	—	—
44.57	73.97	82.72	80.72	77.55	24.84	42.74	37.44
—	—	—	—	—	—	—	—

2012 年度全国旅游行业经济效益

地　区	人均增加值(元)				
	全国旅游行　业	旅行社	旅　游饭　店	旅　游景　区	旅　游集　团
全　国	91788.02	52364.34	84154.34	99336.52	187150.91
北　京	119900.87	78146.82	133268.95	80148.79	123106.74
天　津	72801.36	58812.26	65505.05	170946.85	—
河　北	53100.26	25995.62	55342.20	64845.46	—
山　西	42707.94	17373.93	48216.95	46396.97	—
内蒙古	64198.84	33082.68	73033.25	58046.29	—
辽　宁	85912.23	52642.17	92147.30	51972.61	—
吉　林	79925.37	37244.80	62207.45	29662.78	366264.65
黑龙江	54873.95	36237.47	67249.46	24319.05	37561.38
上　海	139926.61	104354.81	127284.66	150980.18	272196.80
江　苏	75996.84	56526.85	78258.51	65634.32	138637.07
浙　江	86778.50	49567.96	80702.22	113810.32	116663.67
安　徽	84638.38	41433.94	54834.26	103863.71	186781.70
福　建	67529.05	49940.49	68070.44	83599.43	—
江　西	55601.14	34725.46	57237.48	112822.25	—
山　东	67658.88	45801.39	62439.40	121082.58	23238.86

评价补充财务指标表（全部旅游企业）

	人均财政贡献(元)					
其他旅游企业	全国旅游行业	旅行社	旅游饭店	旅游景区	旅游集团	其他旅游企业
113898.78	17843.02	7260.45	15612.39	14993.03	52374.52	25313.46
—	23890.55	13842.42	26001.99	11981.56	29107.35	—
—	13036.44	8434.92	10989.08	42012.85	—	—
51060.73	7591.65	2416.56	8994.51	6214.17	—	6739.62
20887.93	6525.71	5987.06	7319.84	2194.80	—	3813.72
68894.31	8315.73	5148.41	10241.98	5365.45	—	6949.96
—	13503.14	7843.87	14948.66	11512.78	—	—
73003.84	10727.70	3305.16	12490.15	5282.96	14359.19	18753.41
25919.60	13496.74	7446.44	18132.32	4066.31	10031.46	137.97
177349.60	19229.41	10775.35	20700.08	19403.07	21027.90	46530.09
76002.45	14214.18	9482.27	13577.28	14787.00	30251.39	39357.48
65120.44	17216.05	7445.31	14958.00	19651.13	28983.92	18124.90
177976.12	17831.09	4642.50	8492.85	21764.72	53468.02	45078.19
122313.02	14138.06	6257.81	14280.80	23949.95	—	20107.17
5482.98	8309.28	5057.76	7994.68	19145.88	—	1241.52
87680.65	10602.56	5337.56	11434.77	12959.46	5374.17	11930.62

地　区	人均增加值(元)				
	全国旅游行　业	旅行社	旅　游饭　店	旅　游景　区	旅　游集　团
河　南	69415.51	27224.96	52113.46	104797.02	34107.31
湖　北	56216.74	38231.09	54246.35	70616.82	101867.36
湖　南	71122.84	54727.84	60757.33	107070.45	—
广　东	151000.53	56512.44	83808.25	132441.97	527878.99
广　西	59503.44	32057.75	55092.31	68625.34	85503.21
海　南	261740.78	30067.39	367690.03	131160.10	—
重　庆	67070.57	47838.87	69590.52	82024.35	53173.90
四　川	71313.80	18228.63	70631.18	85209.06	216882.39
贵　州	51774.18	21981.96	50938.26	36179.98	136259.66
云　南	70340.45	46302.27	65767.64	98069.90	85864.93
陕　西	58148.26	25042.73	51329.33	82637.44	72021.17
甘　肃	44624.36	40450.40	42243.11	54223.31	46240.40
青　海	59438.89	30678.35	60579.48	60599.22	98683.88
宁　夏	82450.52	35723.67	61187.23	133108.89	—
新　疆	540717.26	41399.01	614008.02	147125.51	—
西　藏	46241.13	—	46241.13	—	—

续表

	人均财政贡献(元)					
其他旅游企业	全国旅游行业	旅行社	旅游饭店	旅游景区	旅游集团	其他旅游企业
256107.99	9805.62	2577.19	7157.23	15680.51	5979.04	38276.10
73305.75	8330.73	6006.14	8887.78	8183.66	12044.20	10347.77
114731.71	11236.58	5370.29	9363.77	18342.54	—	25877.03
88176.34	43920.69	10184.47	15160.68	21067.40	210967.93	21839.22
105395.87	9856.37	4417.76	9293.21	9690.39	17653.35	16087.23
—	140159.90	3222.10	216981.84	15483.27	—	—
81354.30	10569.96	4882.11	10752.39	9501.24	8784.56	26054.65
98539.26	10983.76	3738.74	10570.37	10651.44	28615.08	11799.22
41534.43	11930.09	2895.74	9913.36	6500.25	65454.49	4797.85
82066.08	10602.01	5257.75	9790.03	11541.37	15972.85	28193.78
31220.71	9671.79	2831.13	8624.87	8306.34	13486.08	7908.65
107459.14	7213.60	3207.58	6573.68	11700.79	3670.35	15326.36
6292.82	10570.71	3664.60	11298.81	3164.52	18303.55	1266.95
—	9068.60	3252.79	9429.21	10129.90	—	—
45025.09	13958.06	4426.40	12312.57	33049.35	—	5237.97
—	5835.37	—	5835.37	—	—	—

2012 年度全国旅游行业经济效益

地　区	入境旅游收入比率(%)	自联入境旅游收入比率(%)	国内旅游收入比率(%)
全　国	8.78	3.93	61.71
北　京	13.01	8.67	34.95
天　津	10.07	8.71	69.71
河　北	3.71	1.34	82.72
山　西	5.56	1.04	69.80
内蒙古	5.80	1.92	83.97
辽　宁	11.40	1.11	47.66
吉　林	10.89	2.95	68.61
黑龙江	26.63	11.54	45.92
上　海	6.47	3.64	60.88
江　苏	3.56	1.28	68.56
浙　江	5.46	2.93	69.44
安　徽	4.96	1.45	83.48
福　建	10.16	5.43	73.06
江　西	5.11	0.50	70.50
山　东	10.98	5.27	61.26

评价补充财务指标表（全部旅行社）

出境旅游收入比率(%)	自联入境旅游收入毛利率(%)	国内旅游收入毛利率(%)	出境旅游收入毛利率(%)
29.51	7.53	7.74	6.41
52.04	5.91	6.34	4.48
20.22	3.57	7.01	9.61
13.57	4.91	9.81	5.29
24.64	13.08	5.39	4.90
10.24	11.11	13.27	12.56
40.94	5.68	6.45	9.10
20.50	2.72	10.52	4.41
27.45	12.36	7.62	5.63
32.65	6.84	9.87	5.77
27.88	8.12	9.32	5.31
25.11	9.13	9.86	5.05
11.56	5.81	8.75	8.50
16.78	4.85	6.34	6.81
24.39	5.65	4.63	5.95
27.76	8.70	7.84	6.72

地　区	入境旅游收入比率(%)	自联入境旅游收入比率(%)	国内旅游收入比率(%)
河　南	7.72	3.63	71.22
湖　北	8.56	1.45	77.14
湖　南	16.75	1.49	59.36
广　东	6.75	3.78	53.18
广　西	11.00	6.50	74.68
海　南	8.20	4.43	87.67
重　庆	11.91	4.00	65.91
四　川	13.79	3.89	72.78
贵　州	5.91	2.12	84.66
云　南	8.24	2.03	79.44
陕　西	14.61	3.80	71.65
甘　肃	4.00	1.05	93.42
青　海	5.85	2.12	82.37
宁　夏	3.26	0.14	75.30
新　疆	9.55	6.13	75.13
西　藏	—	—	—

续表

出境旅游收入比率(%)	自联入境旅游收入毛利率(%)	国内旅游收入毛利率(%)	出境旅游收入毛利率(%)
21.06	3.73	8.80	5.57
14.30	17.03	8.40	6.65
23.89	2.92	5.38	5.55
40.07	11.32	8.27	10.50
14.33	13.84	4.55	4.73
4.13	7.19	7.27	8.69
22.18	5.32	5.20	5.96
13.43	4.48	5.23	4.76
9.43	6.25	4.79	5.54
12.31	7.28	4.24	3.74
13.75	10.42	5.57	3.94
2.57	4.22	8.30	7.88
11.78	5.94	6.93	7.12
21.44	3.42	5.30	4.77
15.32	8.69	4.62	5.67
—	—	—	—

2012年度全国旅游行业经济效益

地　区	入境旅游收入比率(%)	自联入境旅游收入比率(%)	国内旅游收入比率(%)
全　国	11.00	5.07	44.01
北　京	12.02	8.08	28.10
天　津	15.44	13.57	50.52
河　北	4.64	2.81	51.76
山　西	6.83	1.28	57.29
内蒙古	9.05	3.28	63.86
辽　宁	12.60	0.98	40.60
吉　林	14.00	1.54	44.01
黑龙江	29.61	12.05	37.70
上　海	8.63	5.10	32.53
江　苏	4.55	1.57	50.06
浙　江	9.94	5.56	40.56
安　徽	6.07	2.66	65.64
福　建	13.15	7.54	63.37
江　西	8.77	0.31	43.24
山　东	14.12	7.01	47.10

评价补充财务指标表（经营出境游旅行社）

出境旅游收入比率(%)	自联入境旅游收入毛利率(%)	国内旅游收入毛利率(%)	出境旅游收入毛利率(%)
45.00	7.13	6.65	6.41
59.88	4.48	4.83	4.48
34.04	3.55	8.30	9.61
43.59	5.66	9.98	5.29
35.89	15.37	4.58	4.90
27.09	6.10	18.74	12.56
46.80	6.05	5.88	9.10
41.99	7.01	4.92	4.41
32.68	11.25	4.86	5.63
58.84	6.08	11.42	5.77
45.39	7.90	5.13	5.31
49.51	9.39	8.43	5.05
28.30	5.96	6.38	8.50
23.48	4.81	5.62	6.81
47.99	7.97	2.60	5.95
38.78	8.38	6.03	6.72

地　区	入境旅游收入比率(%)	自联入境旅游收入比率(%)	国内旅游收入比率(%)
河　南	14.19	7.13	43.20
湖　北	14.10	2.06	58.85
湖　南	22.81	1.99	40.23
广　东	6.95	4.12	45.27
广　西	17.68	13.19	51.06
海　南	12.23	6.41	79.31
重　庆	15.67	5.46	53.22
四　川	17.18	5.06	60.47
贵　州	11.68	3.56	67.44
云　南	8.29	3.20	68.92
陕　西	18.07	2.79	54.94
甘　肃	9.38	3.37	74.80
青　海	12.43	5.89	52.43
宁　夏	5.59	0.24	56.00
新　疆	11.88	7.94	68.14
西　藏	—	—	—

续表

出境旅游收入比率(%)	自联入境旅游收入毛利率(%)	国内旅游收入毛利率(%)	出境旅游收入毛利率(%)
42.61	3.73	8.75	5.57
27.05	17.09	6.00	6.65
36.96	2.56	4.95	5.55
47.77	11.60	8.14	10.50
31.26	14.06	4.60	4.73
8.45	8.21	7.84	8.69
31.11	5.31	6.17	5.96
22.35	4.68	4.45	4.76
20.88	3.84	3.55	5.54
22.79	7.87	3.53	3.74
26.99	9.70	4.01	3.94
15.81	3.76	6.65	7.88
35.13	5.79	6.83	7.12
38.41	3.42	2.49	4.77
19.98	8.69	4.29	5.67
—	—	—	—

2012 年度全国旅游行业经济效益

地　区	入境旅游收入比率(%)	自联入境旅游收入比率(%)	国内旅游收入比率(%)
全　国	4.55	1.75	95.45
北　京	19.62	12.65	80.38
天　津	2.21	1.59	97.79
河　北	3.28	0.68	96.72
山　西	2.79	0.49	97.21
内蒙古	3.82	1.10	96.18
辽　宁	2.97	2.00	97.03
吉　林	7.92	4.30	92.08
黑龙江	10.99	8.85	89.01
上　海	3.77	1.81	96.23
江　苏	1.98	0.81	98.02
浙　江	0.85	0.22	99.15
安　徽	4.19	0.62	95.81
福　建	2.66	0.14	97.34
江　西	1.33	0.70	98.67
山　东	3.10	0.88	96.90

评价补充财务指标表（经营非出境游旅行社）

出境旅游收入比率(%)	自联入境旅游收入毛利率(%)	国内旅游收入毛利率(%)	出境旅游收入毛利率(%)
—	10.12	8.71	—
—	11.92	9.87	—
—	3.88	6.04	—
—	3.47	9.76	—
—	1.37	6.43	—
—	20.09	11.02	—
—	–6.16	8.12	—
—	2.33	13.14	—
—	24.97	13.87	—
—	9.76	9.21	—
—	9.50	12.74	—
—	–2.38	10.46	—
—	5.11	9.89	—
—	10.29	7.52	—
—	4.57	5.56	—
—	15.08	10.14	—

地　区	入境旅游收入比率(%)	自联入境旅游收入比率(%)	国内旅游收入比率(%)
河　南	1.40	0.20	98.60
湖　北	2.34	0.76	97.66
湖　南	5.70	0.57	94.30
广　东	5.71	2.02	94.29
广　西	5.34	0.84	94.66
海　南	4.33	2.53	95.67
重　庆	2.60	0.38	97.40
四　川	8.68	2.13	91.32
贵　州	1.15	0.93	98.85
云　南	8.19	0.66	91.81
陕　西	11.01	4.86	88.99
甘　肃	2.96	0.60	97.04
青　海	2.53	0.21	97.47
宁　夏	0.31	0.03	99.69
新　疆	1.88	0.17	98.12
西　藏	—	—	—

续表

出境旅游收入比率(%)	自联入境旅游收入毛利率(%)	国内旅游收入毛利率(%)	出境旅游收入毛利率(%)
—	—	8.82	—
—	15.64	10.03	—
—	12.90	5.72	—
—	7.34	8.58	—
—	8.87	4.52	—
—	4.79	6.82	—
—	7.58	3.87	—
—	3.31	6.01	—
—	9.58	5.50	—
—	2.61	4.86	—
—	10.66	6.56	—
—	4.72	8.55	—
—	8.33	6.96	—
—	—	7.35	—
—	—	5.40	—
—	—	—	—

2012 年度全国旅游行业经济效益

地　区	平均客房出租率(%)	平均房价(元)	房费收入比　率(%)	餐饮收入比　率(%)
全　国	60.21	324.57	40.54	44.27
北　京	65.47	522.45	45.45	34.33
天　津	49.38	429.36	40.84	50.98
河　北	52.26	284.48	35.50	51.59
山　西	63.52	281.36	38.60	49.27
内蒙古	53.59	290.52	37.34	51.49
辽　宁	60.96	354.97	39.83	47.89
吉　林	57.95	322.28	40.36	48.81
黑龙江	58.25	299.66	47.77	38.16
上　海	62.73	488.08	48.90	37.34
江　苏	56.60	330.80	33.83	56.06
浙　江	59.65	330.58	27.92	46.53
安　徽	55.86	239.07	37.14	49.49
福　建	61.95	330.23	39.64	47.18
江　西	60.40	226.84	50.25	42.29
山　东	57.94	324.64	36.29	52.29

评价补充财务指标表（全部旅游饭店）

商品收入比率(%)	娱乐收入比率(%)	餐饮毛利率(%)	商品毛利率(%)	娱乐毛利率(%)
2.00	1.41	51.04	37.44	69.42
2.49	0.99	59.64	44.94	86.34
2.31	1.36	43.40	27.36	77.31
1.82	1.30	44.89	49.69	72.78
2.07	0.98	42.52	38.39	54.73
3.82	0.58	48.01	64.02	62.03
1.61	0.71	54.88	28.77	82.44
0.53	1.15	48.15	35.36	60.66
4.77	1.83	53.18	45.26	74.05
1.47	0.35	59.48	21.59	82.26
1.55	1.11	50.65	30.96	75.20
2.51	1.39	48.90	24.83	74.98
3.99	0.88	44.60	39.96	63.57
1.05	3.15	47.51	49.71	56.22
1.44	0.32	41.98	35.39	75.53
3.33	0.39	44.84	43.61	79.40

地　区	平均客房出租率(%)	平均房价(元)	房费收入比　率(%)	餐饮收入比　率(%)
河　南	59.90	215.71	41.13	46.19
湖　北	60.26	255.42	44.33	42.45
湖　南	66.54	249.72	38.80	44.62
广　东	65.33	327.71	43.15	41.25
广　西	58.06	228.83	41.73	45.93
海　南	58.06	284.50	53.54	30.70
重　庆	59.31	305.78	41.07	42.00
四　川	62.15	324.32	46.47	41.04
贵　州	64.27	277.24	52.54	38.18
云　南	59.90	226.05	52.82	31.52
陕　西	59.34	262.47	42.31	48.60
甘　肃	51.26	175.19	41.43	51.29
青　海	47.47	312.17	52.52	37.60
宁　夏	55.75	265.62	38.77	49.04
新　疆	56.15	270.01	43.10	44.64
西　藏	33.34	203.99	60.25	31.52

续表

商品收入比率(%)	娱乐收入比率(%)	餐饮毛利率(%)	商品毛利率(%)	娱乐毛利率(%)
2.26	0.91	41.34	51.66	69.22
1.47	1.48	48.84	34.93	66.73
1.99	3.35	55.59	46.42	68.89
1.74	2.57	54.42	44.07	65.61
1.32	1.97	49.65	39.16	73.33
0.67	0.72	57.33	38.71	87.37
2.52	1.15	51.40	44.48	73.00
1.81	2.54	52.17	42.49	76.91
2.53	1.20	53.26	49.34	54.20
1.86	2.53	46.15	21.98	52.43
2.03	0.84	48.67	33.12	64.63
1.62	0.57	43.30	29.97	55.50
0.35	0.23	50.79	27.31	84.55
2.14	0.08	45.43	42.55	67.37
1.40	1.65	48.53	45.19	51.35
0.58	0.12	64.78	62.99	46.94

2012 年度全国旅游行业经济效益

地　区	平均客房出租率(%)	平均房价(元)	房费收入比　率(%)	餐饮收入比　率(%)
全　国	61.18	646.00	42.91	44.52
北　京	71.00	808.20	44.75	37.81
天　津	43.33	621.01	40.13	54.69
河　北	44.85	505.20	41.94	41.83
山　西	61.44	449.92	37.81	49.33
内蒙古	49.64	699.17	38.08	54.28
辽　宁	74.78	494.57	45.22	43.93
吉　林	60.34	554.21	41.35	46.44
黑龙江	71.29	759.23	55.51	36.14
上　海	68.10	851.91	48.96	42.54
江　苏	57.42	563.15	38.85	52.61
浙　江	57.82	566.71	31.53	55.97
安　徽	47.39	433.86	43.53	44.99
福　建	61.97	593.03	37.71	44.60
江　西	60.16	479.01	49.93	40.21
山　东	63.26	688.62	46.58	44.89

评价补充财务指标表（五星级饭店）

商品收入比率(%)	娱乐收入比率(%)	餐饮毛利率(%)	商品毛利率(%)	娱乐毛利率(%)
1.46	1.30	59.12	42.85	76.12
2.85	0.78	65.55	53.75	94.34
1.03	1.10	45.35	47.40	96.73
0.56	3.09	52.86	44.27	78.94
0.85	0.41	40.62	40.93	68.19
—	—	50.94	—	—
1.42	1.42	62.47	43.77	80.13
0.13	3.35	44.62	16.13	56.71
4.53	—	67.47	62.54	—
0.60	0.27	63.12	38.91	83.94
1.32	0.75	58.76	34.88	66.88
2.99	1.89	57.06	28.74	83.24
0.14	1.14	51.00	49.33	70.12
0.87	2.13	53.10	53.91	60.06
2.63	0.21	52.90	40.10	95.91
1.12	0.21	59.70	46.14	90.37

地　区	平均客房出租率(%)	平均房价(元)	房费收入比　率(%)	餐饮收入比　率(%)
河　南	58.15	500.41	44.88	43.23
湖　北	57.80	624.91	50.16	41.27
湖　南	60.62	540.45	28.87	46.60
广　东	61.01	629.36	44.28	40.17
广　西	52.55	571.32	43.06	47.04
海　南	64.21	515.69	60.27	34.30
重　庆	62.96	558.58	42.49	43.94
四　川	63.07	766.12	49.82	40.66
贵　州	58.35	759.34	51.57	43.46
云　南	63.58	537.66	60.34	25.91
陕　西	59.11	599.64	48.98	45.20
甘　肃	35.76	364.14	34.04	56.40
青　海	54.01	965.87	62.23	35.42
宁　夏	35.21	868.08	52.94	31.70
新　疆	58.38	588.14	36.95	46.26
西　藏	—	—	—	—

续表

商品收入比　率(%)	娱乐收入比　率(%)	餐　饮毛利率(%)	商　品毛利率(%)	娱　乐毛利率(%)
1.18	1.64	56.50	40.89	98.36
0.17	1.35	58.30	66.84	79.28
0.75	4.89	67.11	23.41	84.40
1.84	2.25	58.27	46.79	70.70
0.93	0.09	55.54	28.27	38.59
0.14	0.14	62.27	46.96	97.82
0.81	0.16	57.32	37.81	95.45
1.19	2.35	69.15	48.69	91.59
1.30	0.10	59.35	42.11	92.74
0.92	0.34	48.84	23.31	28.96
0.93	0.33	53.51	59.49	89.01
—	0.78	48.60	—	82.36
—	0.66	60.66	—	79.22
—	0.21	41.69	—	—
1.21	3.06	55.57	36.57	47.86
—	—	—	—	—

2012 年度全国旅游行业经济效益

地　区	平均客房出租率(%)	平均房价(元)	房费收入比　率(%)	餐饮收入比　率(%)
全　国	60.53	354.27	38.05	43.09
北　京	64.34	496.13	45.33	31.82
天　津	49.04	474.97	45.41	44.12
河　北	57.98	307.18	34.29	51.40
山　西	67.21	290.29	36.07	50.61
内蒙古	54.11	427.76	41.11	51.93
辽　宁	61.57	352.70	41.41	48.45
吉　林	54.24	366.41	35.89	53.92
黑龙江	58.56	331.74	40.69	40.56
上　海	61.25	514.28	43.45	33.47
江　苏	58.18	338.73	32.64	57.08
浙　江	61.16	382.64	22.10	38.11
安　徽	58.69	284.58	38.89	47.89
福　建	59.93	328.40	39.41	50.65
江　西	61.27	262.16	55.54	39.25
山　东	60.22	348.99	33.94	52.44

评价补充财务指标表（四星级饭店）

商品收入比率(%)	娱乐收入比率(%)	餐饮毛利率(%)	商品毛利率(%)	娱乐毛利率(%)
1.95	1.49	49.50	38.91	67.99
1.74	0.94	55.13	39.54	81.87
4.46	2.48	47.60	18.33	73.12
2.59	1.21	46.38	52.53	65.87
2.14	2.04	45.18	41.54	51.19
0.82	2.20	52.84	45.09	54.94
0.90	0.23	51.85	30.09	81.28
0.56	0.46	55.42	35.81	88.48
6.68	2.94	51.77	43.93	72.51
3.50	0.29	60.56	15.85	84.18
1.46	1.59	48.88	29.14	78.17
0.95	1.23	46.52	35.10	76.01
3.70	0.55	45.97	66.36	53.63
1.03	4.13	44.69	57.90	57.16
1.00	0.57	40.66	35.52	77.46
4.10	0.56	44.55	40.87	77.98

地　区	平均客房出租率(%)	平均房价(元)	房费收入比　率(%)	餐饮收入比　率(%)
河　南	58.72	289.10	45.17	41.05
湖　北	61.16	290.55	46.25	40.61
湖　南	69.10	346.71	42.06	43.96
广　东	58.10	359.49	40.41	42.97
广　西	56.10	290.53	39.70	48.44
海　南	62.14	263.96	48.07	20.72
重　庆	67.19	324.21	43.17	43.62
四　川	63.42	370.14	49.20	39.49
贵　州	65.42	291.62	50.99	37.81
云　南	63.47	290.21	49.37	33.79
陕　西	58.83	307.58	42.52	49.95
甘　肃	50.80	253.97	47.71	47.11
青　海	45.07	419.27	41.98	45.29
宁　夏	53.68	282.19	40.26	49.64
新　疆	58.84	288.03	42.52	47.92
西　藏	54.31	230.85	64.45	34.78

续表

商品收入比率(%)	娱乐收入比率(%)	餐饮毛利率(%)	商品毛利率(%)	娱乐毛利率(%)
2.65	0.84	43.72	61.48	62.33
1.47	1.73	49.73	29.57	69.87
1.72	2.19	55.19	64.84	61.66
1.71	3.20	53.08	51.27	53.07
1.19	3.17	51.55	30.95	73.25
1.34	0.63	52.66	35.72	68.48
3.98	0.88	49.03	52.80	62.55
1.50	2.41	49.06	39.02	80.19
3.34	1.11	54.78	55.73	71.54
2.74	2.22	49.58	19.32	58.96
0.81	1.03	49.48	44.60	59.99
2.26	0.26	50.61	33.27	54.05
0.55	—	48.98	34.47	—
2.96	0.02	45.18	47.05	97.86
1.72	0.67	45.76	68.51	77.44
0.78	—	67.22	62.54	—

2012 年度全国旅游行业经济效益

地　区	平均客房出租率(%)	平均房价(元)	房费收入比　率(%)	餐饮收入比　率(%)
全　国	59.39	211.31	39.29	46.34
北　京	63.58	342.96	47.01	33.38
天　津	54.15	330.18	36.76	53.85
河　北	47.60	212.58	35.01	55.82
山　西	63.14	262.40	41.12	48.43
内蒙古	54.10	216.99	33.42	50.23
辽　宁	56.59	253.03	39.79	45.12
吉　林	60.77	231.35	48.84	44.21
黑龙江	59.60	190.15	53.84	35.28
上　海	56.28	303.60	41.82	35.64
江　苏	56.67	206.19	29.00	58.00
浙　江	59.92	238.23	32.45	51.83
安　徽	58.22	155.55	30.62	54.33
福　建	61.18	205.01	40.13	44.80
江　西	60.45	160.62	45.48	48.18
山　东	55.51	199.30	32.04	57.54

评价补充财务指标表（三星级饭店）

商品收入比率(%)	娱乐收入比率(%)	餐饮毛利率(%)	商品毛利率(%)	娱乐毛利率(%)
2.88	1.51	42.80	32.90	64.21
2.50	1.61	52.03	34.12	84.78
1.36	0.54	35.26	48.84	57.80
1.20	0.58	40.65	36.18	83.53
1.94	0.43	41.25	34.45	65.24
7.46	0.43	45.04	56.62	81.30
3.49	0.81	46.10	11.47	79.78
0.50	—	38.51	42.63	—
2.30	1.75	41.02	25.24	77.11
2.61	0.70	47.97	21.99	74.31
2.24	0.82	40.34	29.98	73.26
5.12	1.47	41.21	19.80	64.12
6.50	1.18	39.99	22.81	71.94
1.20	4.49	40.91	36.90	50.34
1.35	0.12	36.73	28.92	74.97
4.25	0.28	37.65	46.87	77.29

地　区	平均客房出租率(%)	平均房价(元)	房费收入比　率(%)	餐饮收入比　率(%)
河　南	63.47	165.10	37.40	52.56
湖　北	61.28	181.97	39.82	42.94
湖　南	65.96	179.98	41.37	45.53
广　东	58.54	250.01	42.43	41.26
广　西	60.12	145.11	42.85	43.07
海　南	59.56	160.87	52.83	41.22
重　庆	59.36	198.39	38.10	36.20
四　川	62.45	220.11	42.37	41.99
贵　州	68.83	177.70	54.77	32.84
云　南	59.55	180.02	56.55	28.76
陕　西	59.85	189.71	39.24	49.26
甘　肃	54.99	151.96	40.77	52.75
青　海	48.36	190.69	56.59	30.90
宁　夏	59.39	219.99	34.10	52.77
新　疆	55.49	158.20	55.08	38.26
西　藏	23.21	173.62	54.88	27.35

续表

商品收入比 率(%)	娱乐收入比 率(%)	餐 饮毛利率(%)	商 品毛利率(%)	娱 乐毛利率(%)
1.90	1.06	36.41	48.49	62.45
2.03	1.55	41.78	35.71	57.31
3.52	2.60	47.48	41.03	50.47
1.88	3.22	49.18	41.60	67.63
1.89	1.40	41.94	49.40	69.00
0.71	0.42	51.10	45.42	81.14
3.84	1.41	45.26	34.79	57.70
2.59	3.02	44.99	44.56	68.26
3.13	2.79	45.12	43.73	42.66
1.07	3.38	37.41	31.30	65.73
3.35	0.78	46.15	25.83	61.46
1.82	0.91	42.50	28.62	49.97
0.41	0.21	44.86	12.52	98.22
1.84	0.05	46.20	37.83	34.85
1.51	0.05	34.77	19.50	50.10
0.32	0.26	60.57	64.37	46.94

2012 年度全国旅游行业经济效益

地　区	平均客房出租率(%)	平均房价(元)	房费收入比　率(%)	餐饮收入比　率(%)
全　国	57.57	145.77	43.01	43.51
北　京	60.50	239.77	55.59	21.17
天　津	50.46	208.04	42.97	55.00
河　北	52.20	144.84	28.71	66.35
山　西	58.91	185.27	39.96	46.93
内蒙古	54.28	143.32	40.90	47.43
辽　宁	50.30	209.11	58.48	37.92
吉　林	56.04	155.49	46.49	42.08
黑龙江	41.79	119.69	46.60	46.09
上　海	60.40	227.62	46.89	35.68
江　苏	53.77	144.02	37.82	52.44
浙　江	58.06	162.75	39.60	46.88
安　徽	52.09	149.34	41.54	48.34
福　建	64.12	153.74	37.04	51.18
江　西	54.87	101.20	48.94	45.68
山　东	55.10	143.64	31.34	62.39

评价补充财务指标表（二星级饭店）

商品收入比率(%)	娱乐收入比率(%)	餐饮毛利率(%)	商品毛利率(%)	娱乐毛利率(%)
3.12	1.38	38.16	34.85	56.34
6.56	0.94	45.18	13.54	81.56
1.14	0.06	58.51	10.01	72.59
0.03	—	32.13	19.87	—
4.97	—	38.75	38.06	—
7.62	—	37.36	88.10	—
0.18	—	31.94	34.10	—
3.05	0.83	24.19	4.03	52.93
1.79	—	41.33	16.55	—
1.29	0.22	43.55	17.12	44.60
3.23	0.31	34.48	26.59	42.20
5.51	0.76	36.85	23.37	54.75
6.05	0.26	39.39	14.83	57.46
5.85	1.05	38.27	35.85	64.81
0.14	0.20	33.40	40.45	40.00
2.35	0.25	27.34	64.09	—

地 区	平均客房出租率(%)	平均房价(元)	房费收入比 率(%)	餐饮收入比 率(%)
河 南	54.40	132.64	40.96	48.55
湖 北	60.62	121.72	39.70	50.98
湖 南	73.85	116.49	51.05	39.94
广 东	62.58	174.84	49.36	26.91
广 西	59.66	109.47	45.93	38.11
海 南	46.79	111.34	76.28	20.64
重 庆	37.26	153.05	39.60	37.82
四 川	60.27	147.73	37.53	45.98
贵 州	57.22	140.69	59.27	36.16
云 南	58.99	116.12	47.19	34.64
陕 西	58.51	148.68	38.15	49.35
甘 肃	46.66	110.08	33.04	55.96
青 海	43.46	111.90	66.11	25.69
宁 夏	68.06	112.55	51.57	35.13
新 疆	51.64	127.84	63.18	31.77
西 藏	—	—	—	—

续表

商品收入比 率(%)	娱乐收入比 率(%)	餐 饮毛利率(%)	商 品毛利率(%)	娱 乐毛利率(%)
1.66	0.27	36.86	32.45	55.53
3.08	0.62	40.20	37.63	56.87
2.06	2.92	36.84	35.91	49.26
0.38	0.02	33.43	21.27	45.76
1.74	0.65	39.29	44.79	6.26
0.25	1.17	56.18	—	55.65
2.13	13.18	35.95	47.60	94.30
2.78	2.44	40.19	29.74	52.73
0.41	0.41	35.75	—	54.06
1.77	4.46	45.31	18.84	24.92
3.23	1.79	42.36	40.36	67.35
0.88	0.13	31.05	26.84	80.29
—	—	21.86	—	—
5.58	1.49	40.96	38.47	83.69
0.27	—	44.35	16.33	—
—	—	—	—	—

2012 年度全国旅游行业经济效益

地　区	平均客房出租率(%)	平均房价(元)	房费收入比　率(%)	餐饮收入比　率(%)
全　国	59.18	114.13	40.51	47.67
北　京	73.09	146.80	89.13	6.67
天　津	37.47	120.30	13.98	81.99
河　北	67.33	91.37	35.82	62.88
山　西	—	—	—	—
内蒙古	65.68	86.34	50.69	49.31
辽　宁	22.56	109.70	64.90	35.10
吉　林	66.67	115.45	35.28	63.05
黑龙江	69.62	131.17	35.92	9.33
上　海	68.92	160.96	50.01	21.42
江　苏	—	—	—	—
浙　江	55.61	95.50	28.89	62.20
安　徽	35.06	128.01	16.55	78.74
福　建	53.20	122.97	16.42	54.05
江　西	—	—	—	—
山　东	—	—	—	—

评价补充财务指标表（一星级饭店）

商品收入比　率(%)	娱乐收入比　率(%)	餐　饮毛利率(%)	商　品毛利率(%)	娱　乐毛利率(%)
2.07	0.52	40.80	35.97	41.74
1.06	—	8.37	13.21	—
—	—	47.93	—	—
1.29	—	35.39	29.97	—
—	—	—	—	—
—	—	25.18	—	—
—	—	52.71	—	—
—	1.31	44.07	—	—
—	—	34.42	—	—
0.07	—	26.95	10.67	—
—	—	—	—	—
0.29	1.40	37.23	40.01	25.01
2.57	—	41.04	49.29	—
29.25	0.22	38.27	33.37	31.92
—	—	—	—	—
—	—	—	—	—

地　区	平均客房出租率(%)	平均房价(元)	房费收入比　率(%)	餐饮收入比　率(%)
河　南	—	—	—	—
湖　北	81.54	74.94	56.06	26.08
湖　南	82.86	131.87	62.37	27.82
广　东	71.18	83.48	70.28	29.34
广　西	—	—	—	—
海　南	42.21	106.44	66.39	7.84
重　庆	39.54	100.03	35.85	54.75
四　川	50.00	142.42	97.29	—
贵　州	—	—	—	—
云　南	68.35	57.14	46.34	50.66
陕　西	—	—	—	—
甘　肃	49.82	100.90	75.26	11.48
青　海	—	—	—	—
宁　夏	—	—	—	—
新　疆	22.79	121.95	34.22	47.01
西　藏	—	—	—	—

续表

商品收入比率(%)	娱乐收入比率(%)	餐饮毛利率(%)	商品毛利率(%)	娱乐毛利率(%)
—	—	—	—	—
17.69	—	30.00	45.15	—
0.94	1.59	55.40	33.39	52.20
—	—	43.03	—	—
—	—	—	—	—
—	—	—	—	—
—	—	31.36	—	—
—	—	—	—	—
—	—	—	—	—
—	—	34.16	—	—
—	—	—	—	—
—	—	—	—	—
—	—	—	—	—
—	—	—	—	—
3.07	1.25	61.03	30.51	84.88
—	—	—	—	—

2012 年度全国旅游行业经济效益

地　区	平均客房出租率(%)	平均房价(元)	房费收入比　率(%)	餐饮收入比　率(%)
全　国	63.15	266.14	45.31	42.83
北　京	58.75	343.42	36.93	28.54
天　津	—	—	—	—
河　北	15.69	305.84	86.24	13.76
山　西	37.93	140.58	40.60	49.13
内蒙古	—	—	—	—
辽　宁	55.10	375.70	27.55	56.15
吉　林	55.69	349.60	30.62	40.53
黑龙江	52.65	623.05	61.24	35.83
上　海	63.23	330.12	58.98	32.17
江　苏	50.75	255.41	31.60	60.70
浙　江	58.66	285.49	35.78	55.03
安　徽	57.70	130.66	22.06	47.13
福　建	72.60	274.72	50.84	46.25
江　西	69.54	243.43	41.59	21.02
山　东	49.34	316.44	38.79	48.66

评价补充财务指标表（未评星级饭店）

商品收入比率(%)	娱乐收入比率(%)	餐饮毛利率(%)	商品毛利率(%)	娱乐毛利率(%)
1.12	1.20	55.45	34.28	76.57
4.19	1.63	62.66	60.65	77.29
—	—	—	—	—
—	—	—	—	—
—	—	15.50	—	—
—	—	—	—	—
1.51	0.50	58.66	43.96	96.62
0.82	—	56.44	49.67	—
—	—	66.68	—	—
0.31	0.43	55.25	29.75	85.58
0.59	1.23	58.71	28.13	82.22
2.20	0.77	57.97	19.59	77.08
8.92	3.77	27.45	22.39	13.52
0.02	—	54.92	70.20	—
0.95	0.58	67.35	41.31	6.11
0.29	0.31	31.20	46.46	60.61

地　区	平均客房出租率(%)	平均房价(元)	房费收入比　率(%)	餐饮收入比　率(%)
河　南	55.60	281.85	30.29	32.36
湖　北	45.67	252.61	39.56	46.90
湖　南	43.09	335.79	48.96	33.31
广　东	85.58	178.85	44.08	43.46
广　西	62.17	177.26	41.09	43.09
海　南	47.93	231.32	49.17	31.04
重　庆	52.93	188.16	35.00	46.55
四　川	57.13	292.96	47.54	40.06
贵　州	44.17	193.42	56.25	39.41
云　南	42.59	243.04	53.50	36.74
陕　西	54.52	243.44	32.70	55.45
甘　肃	57.56	165.50	62.68	16.20
青　海	—	—	—	—
宁　夏	55.68	88.70	91.04	1.34
新　疆	—	—	—	—
西　藏	—	—	—	—

续表

商品收入比 率(%)	娱乐收入比 率(%)	餐 饮毛利率(%)	商 品毛利率(%)	娱 乐毛利率(%)
6.67	—	56.27	44.91	—
0.90	0.79	59.44	42.21	34.26
1.48	9.69	45.83	31.10	68.29
1.54	2.04	54.60	30.19	73.85
0.64	7.09	47.39	71.31	81.63
0.62	2.23	57.98	39.65	95.66
0.51	1.09	52.40	38.97	49.04
1.33	2.13	40.92	57.78	72.25
1.47	1.28	34.44	27.78	60.16
2.29	2.47	46.17	31.68	65.87
—	5.71	64.33	—	84.53
—	—	6.10	—	—
—	—	—	—	—
7.62	—	8.40	23.15	—
—	—	—	—	—
—	—	—	—	—

2012 年度全国旅游行业经济效益

地　区	景区门票收入比率 (%)	景区餐饮收入比率 (%)	景区商品收入比率 (%)	景区娱乐收入比率 (%)
全　国	49.13	9.92	9.43	3.16
北　京	64.96	6.83	2.35	8.46
天　津	27.23	1.81	24.58	13.84
河　北	25.18	9.80	16.91	0.22
山　西	65.51	7.08	1.04	—
内蒙古	42.08	23.36	1.60	8.98
辽　宁	50.96	13.85	5.70	0.33
吉　林	53.81	10.84	11.12	3.88
黑龙江	49.83	39.05	0.20	0.45
上　海	53.22	13.81	4.41	5.19
江　苏	44.93	7.83	11.41	1.21
浙　江	47.18	8.89	8.84	0.87
安　徽	61.35	7.56	8.80	0.33
福　建	37.46	5.16	12.76	1.83
江　西	49.20	3.11	0.85	2.92
山　东	45.95	10.12	10.14	3.88

评价补充财务指标表（全部旅游景区）

其他旅游收入比率(%)	景区餐饮收入毛利率(%)	景区商品收入毛利率(%)	景区娱乐收入毛利率(%)	平均门票价格(元)
28.36	41.90	44.19	48.15	43.98
17.39	52.92	44.97	87.72	39.03
32.55	44.21	29.00	43.96	29.38
47.89	34.98	88.94	34.10	19.93
26.37	34.45	14.68	—	48.67
23.98	45.25	73.60	75.60	52.47
29.16	34.75	33.92	19.91	59.62
20.35	35.04	55.70	51.29	41.82
10.47	51.32	38.41	36.97	38.07
23.36	39.54	45.28	52.30	58.80
34.62	49.49	29.62	43.18	39.03
34.22	36.40	50.12	87.87	30.74
21.96	42.79	22.75	50.04	42.08
42.80	48.58	39.25	42.47	50.46
43.92	51.88	51.67	64.68	33.34
29.91	26.98	41.70	52.17	44.68

地　区	景区门票收入比率(%)	景区餐饮收入比率(%)	景区商品收入比率(%)	景区娱乐收入比率(%)
河　南	66.14	6.36	4.64	1.75
湖　北	61.80	8.01	5.52	0.85
湖　南	30.36	11.96	18.53	10.07
广　东	51.97	12.16	4.40	1.73
广　西	64.74	8.93	3.31	0.36
海　南	78.39	5.78	5.12	—
重　庆	42.53	13.31	18.33	3.33
四　川	36.45	13.31	28.77	3.77
贵　州	57.67	11.17	3.38	0.17
云　南	53.90	4.53	17.93	0.08
陕　西	49.08	22.26	9.52	5.41
甘　肃	72.77	2.50	11.04	0.48
青　海	71.26	0.45	0.94	—
宁　夏	45.84	6.96	0.85	4.77
新　疆	27.64	21.59	0.75	1.21
西　藏	—	—	—	—

续表

其他旅游收入比率(%)	景区餐饮收入毛利率(%)	景区商品收入毛利率(%)	景区娱乐收入毛利率(%)	平均门票价格(元)
21.12	28.62	33.10	49.96	37.43
23.82	54.97	32.56	65.45	52.31
29.07	25.56	28.91	19.18	71.73
29.74	54.57	53.12	69.40	69.07
22.66	43.82	53.13	46.97	28.84
10.72	31.30	66.56	—	53.31
22.50	39.10	31.00	34.00	53.61
17.70	39.95	38.25	65.94	49.79
27.59	43.26	38.29	74.03	34.57
23.56	41.26	78.11	59.16	34.03
13.73	49.09	52.11	50.26	26.71
13.20	26.50	55.24	48.99	73.46
27.34	—	60.59	—	19.29
41.59	43.84	74.02	53.30	47.43
48.81	32.04	44.78	78.53	17.92
—	—	—	—	—

2012 年度全国旅游行业经济效益

地　区	景区门票收入比率(%)	景区餐饮收入比率(%)	景区商品收入比率(%)	景区娱乐收入比率(%)
全　国	51.15	12.06	6.02	2.10
北　京	60.58	14.82	1.63	3.76
天　津	99.71	—	—	—
河　北	38.27	12.07	2.10	0.23
山　西	54.61	11.54	1.70	—
内蒙古	42.22	24.00	1.55	9.12
辽　宁	50.69	14.08	5.79	0.33
吉　林	42.07	13.17	6.17	6.55
黑龙江	50.21	39.06	0.20	0.45
上　海	31.48	33.02	4.01	3.55
江　苏	29.58	10.55	9.12	0.63
浙　江	54.38	12.58	3.97	0.32
安　徽	59.61	6.80	16.43	0.82
福　建	62.55	10.57	4.02	3.14
江　西	74.82	6.92	2.50	0.26
山　东	51.22	22.32	8.92	6.11

评价补充财务指标表（自然类旅游景区）

其他旅游收入比率(%)	景区餐饮收入毛利率(%)	景区商品收入毛利率(%)	景区娱乐收入毛利率(%)	平均门票价格(元)
28.67	40.26	49.43	56.41	39.08
19.22	55.81	44.13	89.47	40.33
0.29	—	—	—	30.92
47.33	31.72	71.44	21.78	21.04
32.15	34.45	14.68	—	33.24
23.10	45.21	75.81	78.75	55.57
29.11	34.75	33.92	19.91	71.27
32.04	29.45	32.71	49.46	25.35
10.08	51.51	38.41	36.97	38.07
27.95	35.12	23.48	7.82	14.94
50.11	41.96	17.24	47.30	23.95
28.75	34.36	42.41	71.99	28.46
16.35	44.05	30.40	50.04	35.31
19.71	48.69	46.84	33.72	51.73
15.50	46.32	55.11	99.32	32.78
11.43	22.90	26.56	37.99	34.93

地　区	景区门票收入比率（%）	景区餐饮收入比率（%）	景区商品收入比率（%）	景区娱乐收入比率（%）
河　南	60.83	7.07	4.58	1.92
湖　北	62.55	9.25	6.16	1.41
湖　南	41.72	8.05	1.69	1.65
广　东	36.99	16.06	3.98	2.69
广　西	71.13	8.29	1.84	0.38
海　南	78.36	5.80	4.64	—
重　庆	66.01	6.98	2.28	1.11
四　川	48.70	20.50	6.83	6.98
贵　州	60.39	10.47	2.42	0.04
云　南	50.77	5.39	24.50	0.05
陕　西	66.09	16.82	1.90	1.36
甘　肃	69.15	3.45	20.95	0.90
青　海	52.87	—	—	—
宁　夏	36.68	4.75	1.24	6.95
新　疆	31.86	9.45	0.74	2.59
西　藏	—	—	—	—

续表

其他旅游收入比率(%)	景区餐饮收入毛利率(%)	景区商品收入毛利率(%)	景区娱乐收入毛利率(%)	平均门票价格(元)
25.60	28.74	35.68	48.50	37.14
20.62	51.00	34.48	64.26	45.91
46.89	30.72	23.30	46.51	66.61
40.28	50.34	43.11	60.54	43.52
18.35	37.71	51.20	50.84	32.45
11.20	30.71	60.62	—	59.36
23.61	34.58	52.65	55.38	45.69
16.99	38.83	44.82	65.69	53.51
26.68	37.52	50.92	70.17	31.50
19.29	44.60	80.40	69.17	40.10
13.84	32.25	74.91	27.93	53.67
5.54	30.00	36.87	52.18	76.50
47.13	—	—	—	—
50.39	35.62	74.59	53.31	48.24
55.36	38.52	25.17	78.53	16.70
—	—	—	—	—

2012 年度全国旅游行业经济效益

地　区	景区门票收入比率 (%)	景区餐饮收入比率 (%)	景区商品收入比率 (%)	景区娱乐收入比率 (%)
全　国	51.49	6.77	10.63	1.92
北　京	84.39	2.78	3.61	4.85
天　津	65.16	—	34.84	—
河　北	81.91	—	—	—
山　西	91.52	0.05	—	—
内蒙古	44.98	15.52	1.87	—
辽　宁	—	—	—	—
吉　林	48.03	12.57	—	—
黑龙江	—	38.25	—	—
上　海	54.48	—	—	—
江　苏	49.76	7.58	9.99	0.11
浙　江	26.55	5.87	25.19	—
安　徽	52.91	2.59	0.64	—
福　建	32.26	0.05	0.44	9.40
江　西	52.07	3.65	6.04	2.45
山　东	41.19	0.29	9.87	0.02

评价补充财务指标表（文物类旅游景区）

其他旅游收入比率(%)	景区餐饮收入毛利率(%)	景区商品收入毛利率(%)	景区娱乐收入毛利率(%)	平均门票价　格(元)
29.19	55.03	47.12	65.32	27.01
4.38	18.83	39.66	85.64	32.52
—	—	59.67	—	9.90
18.09	—	—	—	21.62
8.43	—	—	—	59.48
37.63	45.75	39.59	—	41.52
—	—	—	—	—
39.39	76.44	—	—	30.37
61.75	28.57	—	—	—
45.52	—	—	—	27.26
32.56	62.62	47.53	47.60	24.75
42.39	53.71	51.91	—	20.99
43.86	62.45	58.99	—	35.10
57.85	10.77	57.16	84.08	19.00
35.78	28.20	31.42	16.67	21.99
48.63	22.67	57.50	10.00	44.17

地　区	景区门票收入比率(%)	景区餐饮收入比率(%)	景区商品收入比率(%)	景区娱乐收入比率(%)
河　南	81.41	0.17	0.10	0.39
湖　北	68.56	6.72	3.34	0.07
湖　南	30.53	3.79	23.13	0.28
广　东	44.44	0.25	0.09	—
广　西	32.74	—	3.65	—
海　南	53.55	21.79	16.48	—
重　庆	56.54	0.18	0.07	—
四　川	32.43	10.19	50.28	0.20
贵　州	—	—	—	—
云　南	82.47	7.72	6.13	0.14
陕　西	24.11	31.39	23.40	12.88
甘　肃	79.20	0.73	1.74	0.73
青　海	72.06	0.47	0.98	—
宁　夏	66.10	11.84	—	—
新　疆	77.26	6.97	—	—
西　藏	—	—	—	—

续表

其他旅游收入比率(%)	景区餐饮收入毛利率(%)	景区商品收入毛利率(%)	景区娱乐收入毛利率(%)	平均门票价格(元)
17.93	35.78	10.00	39.33	24.61
21.32	34.56	36.44	15.60	28.45
42.28	25.76	25.73	50.43	14.95
55.22	80.67	45.57	—	28.79
63.61	—	40.04	—	2.71
8.18	42.94	70.11	—	4.41
43.20	—	20.27	—	46.98
6.90	45.74	84.30	—	24.06
—	—	—	—	—
3.55	28.56	32.06	26.62	21.94
8.22	65.78	50.26	54.48	9.24
17.61	—	—	—	32.80
26.48	—	60.59	—	19.29
22.06	50.18	—	—	52.09
15.77	56.46	—	—	16.38
—	—	—	—	—

2012年度全国旅游行业经济效益

地　区	景区门票收入比率(%)	景区餐饮收入比率(%)	景区商品收入比率(%)	景区娱乐收入比率(%)
全　国	46.48	8.25	12.86	4.55
北　京	55.65	5.81	1.94	12.50
天　津	21.53	1.95	26.44	14.94
河　北	18.01	8.79	24.46	0.21
山　西	25.33	—	—	—
内蒙古	22.83	16.28	3.42	35.29
辽　宁	68.14	—	—	—
吉　林	69.94	7.61	18.26	0.39
黑龙江	—	—	—	—
上　海	55.94	11.48	4.49	5.43
江　苏	57.26	5.38	14.18	2.24
浙　江	38.96	3.12	13.91	2.00
安　徽	65.95	10.04	4.87	—
福　建	12.86	0.12	22.30	—
江　西	40.12	1.75	0.13	3.87
山　东	44.52	6.31	11.02	4.03

评价补充财务指标表（主题类旅游景区）

其他旅游收入比率 (%)	景区餐饮收入毛利率 (%)	景区商品收入毛利率 (%)	景区娱乐收入毛利率 (%)	平均门票价格 (元)
27.87	42.18	41.12	43.16	61.02
24.10	59.35	51.70	87.97	46.77
35.13	44.21	28.87	43.96	29.37
48.53	38.06	89.66	39.86	18.97
74.67	—	—	—	—
22.19	46.74	77.78	31.01	10.57
31.86	—	—	—	7.97
3.80	42.98	65.77	92.79	90.85
—	—	—	—	—
22.65	41.15	47.72	56.24	74.34
20.95	54.74	31.38	42.12	77.35
42.02	44.34	53.24	92.32	41.60
19.14	39.95	15.37	—	52.55
64.71	40.32	33.33	—	52.90
54.13	63.53	54.77	64.71	35.48
34.12	39.88	43.87	62.29	56.06

地　区	景区门票收入比率(%)	景区餐饮收入比率(%)	景区商品收入比率(%)	景区娱乐收入比率(%)
河　南	83.70	5.18	6.13	1.42
湖　北	59.77	6.21	4.77	0.07
湖　南	20.65	17.09	31.86	19.38
广　东	64.77	9.17	4.87	0.98
广　西	48.52	11.13	7.39	0.32
海　南	83.33	2.49	12.51	—
重　庆	26.73	18.61	30.09	5.05
四　川	22.69	5.33	51.56	0.50
贵　州	40.01	15.75	9.67	1.04
云　南	55.77	1.47	2.86	0.13
陕　西	29.73	22.49	4.28	2.20
甘　肃	76.72	1.46	0.13	0.02
青　海	—	—	—	—
宁　夏	58.93	10.34	0.41	0.61
新　疆	18.77	34.65	0.83	—
西　藏	—	—	—	—

续表

其他旅游收入比率(%)	景区餐饮收入毛利率(%)	景区商品收入毛利率(%)	景区娱乐收入毛利率(%)	平均门票价格(元)
3.57	27.65	24.95	81.56	44.89
29.18	67.32	28.65	99.98	78.16
11.02	23.52	29.68	17.08	115.41
20.22	62.36	60.15	80.07	98.85
32.63	53.72	54.61	34.98	25.74
1.67	39.94	93.67	—	33.04
19.53	40.08	30.02	31.15	73.79
19.93	43.05	31.45	76.22	51.66
33.53	58.18	17.82	75.05	61.64
39.77	26.68	37.35	57.78	31.23
41.30	10.64	19.07	36.11	28.21
21.67	16.92	85.94	20.00	71.78
—	—	—	—	—
29.71	65.98	10.00	50.00	15.77
45.74	30.42	61.48	—	21.04
—	—	—	—	—

责任编辑：王建华　王　军
装帧设计：中文天地
责任印制：冯冬青

图书在版编目（CIP）数据

2013中国旅游财务信息年鉴 / 中华人民共和国国家旅游局编. -- 北京：中国旅游出版社, 2013.9
ISBN 978-7-5032-4811-5

Ⅰ. ①2… Ⅱ. ①中… Ⅲ. ①旅游业－财务信息－中国－2013－年鉴 Ⅳ. ①F592.6-54

中国版本图书馆CIP数据核字（2013）第229985号

书　　名：2013中国旅游财务信息年鉴

编　　者：中华人民共和国国家旅游局
出版发行：中国旅游出版社
（北京建国门内大街甲9号　邮编：100005）
http://www.cttp.net.cn　E-mail:cttp@cnta.gov.cn
发行部电话：010-85166503
排　　版：北京中文天地文化艺术有限公司
经　　销：全国各地新华书店
印　　刷：北京金吉士印刷有限责任公司
版　　次：2013年9月第1版　2013年9月第1次印刷
开　　本：787毫米×1092毫米　1/16
印　　张：17.25
字　　数：220千
定　　价：68.00元
ISBN　978-7-5032-4811-5